Οι χαρακτήρες του Δον Καμίλο και του Σέρλοκ Χολμς...

...στα Αρχαία ελληνικά

Don Camillo and Sherlock Holmes...

...in Classical Greek

Θεσσαλονίκη 2010

ISBN: 978-960-6796-17-3

Αριθμ. Εκδ. 25

Juan Coderch

Περιεχόμενα
(Table of contents)

5

"If only I were a tank", said Don Camillo

"εἴθε ἄρμα γενοίμην", ἔφη ὁ Κάμιλλος

Have a taste of one of the most well-known characters of
Italian literature in the language of Pericles

Don Camillo

Η πομπή

(The Procession)

του Τζιοβάνι Γκουαρέσι

by Giovanni Guareschi

(μετάφραση στα Αρχαία Ελληνικά από τον Χ. Κοντέρκ)

(translated into Classical Greek by J. Coderch)

ΕΙΣΑΓΩΓΗ

Ο συγγραφέας και οι χαρακτήρες του

Ο παγκοσμίου φήμης Ιταλός συγγραφέας Τζιοβάννι Γκουαρέσι (ο οποίος ονομαζόταν στην πραγματικότητα Τζιοβαννίνο) έγινε γνωστός μέσα από τα διάφορα βιβλία του στα οποία εξιστορούσε τις περιπέτειες ανάμεσα στον Δον Καμίλο, τον συντηρητικό ιερέα της Τοσκάνης, ενός μικρού χωριού κοντά στην Πάρμα, και στον Πεππόνε, τον κομμουνιστή ταγματάρχη του χωριού αυτού.

Μερικές από τις ιστορίες του είναι πραγματικά αστείες, άλλες είναι λυπηρές, ενώ μπορεί να χάνονται ακόμη και ανθρώπινες ζωές, αλλά ο Τζ. Γκουαρέσι κατορθώνει πάντοτε να

11

προσφέρει μια τέλεια περιγραφή του τρόπου ζωής στην Τέρρα Μπάσα (Χαμηλό Έδαφος), στις όχθες του ποταμού Πο: τις εντάσεις και τις διαμάχες ανάμεσα στους γαιοκτήμονες και τους εργάτες τους, τις νωπές αναμνήσεις των κατοίκων από τον δεύτερο Παγκόσμιο Πόλεμο, τις αστείες καταστάσεις που εκτυλίσσονται ανά το χρόνο, κλπ. Αυτή η δυαδικότητα της θρησκευτικής και πολιτικής εξουσίας δημιουργεί μια περίεργη ατμόσφαιρα μέσα στο χωριό, ενώ αποτελεί και το σημείο αφετηρίας για τις περισσότερες ιστορίες.

Η σχέση ανάμεσα στους πρωταγωνιστές είναι μια σχέση πολιτικής αντιπαράθεσης αλλά και φιλίας ταυτόχρονα. Μάχονται αλλά και βοηθούν ο ένας τον άλλον, μισιούνται όμως σώζουν ο ένας τη ζωή του άλλου περισσότερες από μια φορές. Στην πραγματικότητα πολέμησαν μαζί στον 2° παγκόσμιο πόλεμο όταν ήταν αντάρτες στα βουνά της Ιταλίας, γεγονός που δημιουργεί έναν ακόμη πιο περίεργο δεσμό μεταξύ τους. Μάλιστα, όπως περιγράφεται, χαρακτηρίζονται από μεγάλη φυσική δύναμη, υψηλό ανάστημά και τρομερή όψη, ώστε τους δίνεται η ευκαιρία, και ιδιαίτερα στον Δον Καμίλο, να χρησιμοποιήσουν αυτά τα πλεονεκτήματα περισσότερες από μία φορές προκειμένου να "λύσουν" ορισμένες διαφορές τους.

Η υπεροχή των δύο βασικών χαρακτήρων κάνει μερικές φορές κάθε διαμάχη ανάμεσα στους συντηρητικούς και τους κομμουνιστές κατοίκους μια προσωπική "φιλική" διαμάχη ανάμεσα στον ιερέα και τον ταγματάρχη, δεδομένου ότι κάθε μια από τις δύο παρατάξεις προσφεύγει στον επικεφαλής της ζητώντας υποστήριξη και ο καθένας από αυτούς στον αρχηγό του, κάθε φορά που συμβαίνει ένα περιστατικό. Ακόμη κι όταν οι δύο χαρακτήρες δε φαίνονται να διαθέτουν πρωταρχικό ρόλο στην ιστορία, μπορεί να αισθανθεί κανείς ότι στην ουσία όλη η δράση περιπλέκεται γύρω από αυτούς, όπως για παράδειγμα συμβαίνει στην αστεία ιστορία κατά την οποία οι ποδοσφαιρικές ομάδες της εκκλησίας και της κομμουνιστικής παράταξης πανηγυρίζουν έναν αγώνα στη διάρκεια των εορταστικών εκδηλώσεων του χωριού.

Παράθεση των γεγονότων από μνήμης:

Οι δύο ομάδες εξήλθαν στον αγωνιστικό χώρο, εκ των οποίων η ομάδα της εκκλησίας έφερε ένα μεγάλο γράμμα "G" από το "Gagliardo" ("γενναίος" στα Ιταλικά) και η ομάδα της συγκλήτου έφερε ένα μεγάλο "O" από το "Dynamos". Ωστόσο, το κοινό δεν έδωσε σημασία σε αυτές τις επιγραφές και υποδέχτηκε τις ομάδες κατ' αυτόν τον τρόπο: "Ζήτω ο Πεππόνε!" "Ζήτω ο Δον Καμίλλο!"

Αυτό καταδεικνύει την αστεία ατμόσφαιρα που μπορεί να εντοπίσει κανείς σε αυτές τις ιστορίες. Σε άλλες περιπτώσεις, οι ουσιαστικοί χαρακτήρες είναι οι κάτοικοι και οι δύο βασικοί μας χαρακτήρες υπάρχουν εκεί απλά για να συναινέσουν ή να παραθέσουν τη γνώμη τους, χωρίς δηλαδή να διαδραματίζουν έναν αποφασιστικό ρόλο, αλλά είναι εκεί.

Δον Καμίλο και ο Χριστός

Ένα παράξενο χαρακτηριστικό αυτών των ιστοριών είναι ότι ο Γκουαρέσι αναπαράγει τις συζητήσεις ανάμεσα στον Χριστό και τον Δον Καμίλλο όταν είναι μόνοι τους και κανείς δεν μπορεί να τους ακούσει, ενώ ιδιαίτερα αστείες είναι οι επιπλήξεις του Χριστού προς τον Δον Καμίλο όταν αυτός ξεχνά τη χριστιανική του υποχρέωση να μη χρησιμοποιεί τη φυσική του δύναμη για να λύνει τις διαμάχες και να μην κάνει κατάχρηση των φυσικών του γνωρισμάτων. Έτσι, εκτός από τη διττότητα που παρατηρείται ανάμεσα στον Δον Καμίλο και τον Πεππόνε για πολιτικούς λόγους, υπάρχει επίσης και η διττότητα Δον Καμίλο-Χριστού σχετικά με τη χρήση ή μη της δύναμης.

"'Η Πομπή"

Η ιστορία που επέλεξα, η Πομπή, μας εισάγει στη βαθύτερη σχέση των δύο αυτών χαρακτήρων και στον τρόπο με τον οποίο λύνουν τις μεταξύ τους διαφορές. Ίσως να μην είναι μια από τις πιο αστείες ιστορίες, είναι ωστόσο αρκετά χρήσιμη για την παρουσίαση των δύο χαρακτήρων και της αλληλεπίδρασης μεταξύ τους, καθώς και της ατμόσφαιρας που επικρατεί στο χωριό. Η πλοκή είναι περίπου η εξής: Ο

Πεππόνε, ο κομμουνιστής ταγματάρχης, σκοπεύει να συμμετέχει στην ετήσια θρησκευτική πομπή προς το ποτάμι για την ευλογία των νερών, με την κομμουνιστική σημαία, το οποίο ο Δον Καμίλο αρνήθηκε, γεγονός που προκάλεσε ένα μποϋκοτάζ στην πομπή, καθώς οι άντρες του Πεππόνε "συμβούλευαν" τον κόσμο να μην λάβει μέρος σε αυτήν, την αντίδραση του Δον Καμίλο και τις επακόλουθες συνέπειές της, συμπεριλαμβανομένης και μιας ειρωνικής ομιλίας στο τέλος της πομπής από τον Δον Καμίλο που απευθυνόταν τόσο στον Χριστό όσο και στον Πεππόνε και τους άνδρες του εκφράζοντας τη γνώμη του γι' αυτούς, αλλά και ζητώντας ταυτόχρονα από τον Χριστό να δώσει στο ποτάμι την ευλογία του.

Ο πραγματικός τόπος και τα πραγματικά πρόσωπα

Ο Τζ. Γκουαρέσι εμπνεύστηκε από από ένα μικρό χωριό, ονομαζόμενο Ροκαμπιάνκα, μέσα στην Τοσκάνη, την περιοχή γύρω από την Πάρμα, και ο αληθινός Πεππόνε ήταν ένας συνδικαλιστής ταγματάρχης ονομαζόμενος Τζιοβάννι Φαραμπόλι (για τον Δον Καμίλλο εμπνεύστηκε, όπως ισχυρίζεται ο γιος του, από τρεις διαφορετικούς ιερείς που γνώρισε). Κοντά στη Ροκαμπιάνκα βρίσκεται το χωριό Φοντανέλλε, όπου ο συγγραφέας πέρασε το μεγαλύτερο μέρος της ζωής του και όπου ο γιος του δημιούργησε ένα μουσείο προς τιμήν του πατέρα του. Ένα αξιοπερίεργο που πρέπει να σημειώσουμε επίσης, είναι ότι το χωριό του Δον Καμίλλο δεν αναφέρεται ονομαστικά σε κανένα από τα διάφορα βιβλία του, καθώς ο συγγραφέας αρνήθηκε να του δώσει κάποιο όνομα.

Το κληροδότημα του συγγραφέα

Οι ιστορίες του Δον Καμίλο και του Πεππόνε μεταφράστηκαν σε διάφορες γλώσσες, καθώς επίσης τουλάχιστον μία από αυτές και στα λατινικά. Με αυτήν τη μετάφρασή μου στα αρχαία ελληνικά, είμαι σε θέση να υλοποιήσω την υπόσχεση που έδωσα στον γιο του Γκουαρέσι το περασμένο καλοκαίρι, όταν επισκέφτηκα το μουσείο που είναι αφιερωμένο στον πατέρα του και όπου είχα την τύχη να τον γνωρίσω προσωπικά, ενώ παράλληλα επιθυμώ να αποδώσω τον προσωπικό μου φόρο τιμής σε αυτόν τον συγγραφέα, καθώς τα βιβλία του ήταν τα πρώτα στα οποία στράφηκα κατά τη μεταβατική ηλικία στην οποία το ενδιαφέρον ενός μαθητή μεταφέρεται από τα κόμικς στα βιβλία.

Η μετάφραση

Προσπάθησα να χρησιμοποιήσω απλά αρχαία ελληνικά, αποφεύγοντας περίπλοκες δομές και εκφράσεις, αλλά παραμένοντας ταυτόχρονα κοντά στο αρχικό κείμενο. Ορισμένα προβλήματα της σύγχρονης ορολογίας λύθηκαν με τα προσφερόμενα μέσα της αρχαίας ορολογίας, όπως για παράδειγμα στη λέξη "εκκλησία" (που σημαίνει "ναός"), η χρήση του όρου "ναός" είναι προφανής. Σε άλλες όμως περιπτώσεις, χρειάστηκε να δημιουργήσω νεολογισμούς (πράγμα που κάνω αρκετά συχνά για την ιστοσελίδα μου, την AKWN), όπως για παράδειγμα στη λέξη "πολυβόλο", την οποία δεν μπορούσα να αντικαταστήσω με τη λέξη "όπλο", καθώς το βασικό ζητούμενο σε αυτόν τον όρο είναι ότι οι πολίτες ακούν τον ήχο του και αντιδρούν ανάλογα, και επομένως χρησιμοποίησα τον όρο "οπλοπολυβόλον", υιοθετώντας τον από τη νέα ελληνική.

Γλώσσα

Η διατήρηση όμως των χιουμοριστικών προτάσεων του Γκουαρέσι ήταν ένα από τα πιο δύσκολα έργα, και οι αναγνώστες είναι αυτοί οι οποίοι θα κρίνουν εάν το κατόρθωσα

17

ή όχι. Ακόμη, σκέφτηκα να συμπεριλάβω αρχικά μερικές σημειώσεις σε κάποια δύσκολα σημεία, ώστε να βοηθηθούν οι μαθητές, αλλά δεδομένου ότι και η λατινική μετάφραση αποτελούνταν μόνο από το ίδιο το κείμενο χωρίς κανενός είδους επεξηγήσεις, αποφάσισα να ακολουθήσω το ίδιο υπόδειγμα.

Οι χαρακτήρες της ιστορίας

ὁ Κάμιλλος:, Δον Καμίλο, ο ιερέας της εκκλησίας του χωριού
οἱ εὐσεβεῖς:, οι θεοσεβείς κάτοικοι, υποστηρικτές του Δον Καμίλο
ὁ Χριστός:, ο οποίος σε αυτές τις ιστορίες μιλάει πάντα από το Σταυρό
ὁ Πεπῶν:, Πεππόνε, ο κομμουνιστής ταγματάρχης στο ίδιο χωριό
ὁ Τραχύς:, ο Μπρούσκε, ένας από τους άνδρες του Πεππόνε
οἱ τοῦ Πεπόνος ἐπιτήδειοι:, οι πολιτικοί υποστηρικτές του Πεππόνε
οἱ κωμῆται:, οι κάτοικοι του χωριού

Χουάν Κοντέρκ
Πανεπιστήμιο της Οξφόρδης (2003-2007)
Πανεπιστήμιο Σεντ Άντριους (από το 2007)

Introduction

The author and his characters

Giovanni Guareschi (his real first name was Giovannino, in fact), the worldwide known Italian writer, became famous through his several books in which he exposed the adventures between Don Camillo, a conservationist priest in a small village near Parma, in Toscana, Italy, and Peppone, the communist major in that village.

Some of the stories are really funny, some others are sad and even people are killed; but in all of them G. Guareschi manages to offer a perfect description of how life is in the

Terra Bassa (Low Ground), at the side of the river Po: its tensions, its conflicts between land-owners and land-workers, the memories of the still not too far away WW2 in its inhabitants' minds, the funny situations that from time to time happen, etc. This duality of religious and political power creates a curious atmosphere in the village and is the departure point for most of the tales.

Their relationship is always one of political confrontation but of friendship at the same time. They fight, but they help each other; they hate each other, but they save each other's life more than once. In fact, they fought together in WW2 when they were partisans in the Italian mountains, which creates a curious link between them. Both are also supposed to be physically very strong, tall and intimidating, which makes them, especially Don Camillo, make use of this advantage more than once to "solve" some conflicts.

The preeminence of the two main characters sometimes makes any confrontation between conservationists and communists among the inhabitants a personal "friendly" confrontation between the priest and the major, as each of both sides goes to its main head looking for support, each to its leader, when an incident happens. Even when the two characters seem not to be the principal part in the tale, one can feel that in fact all of the action deals around them, as for instance the funny tale in which the football teams of the church and of the communist party celebrate a game during the feasts of the village.

Quoting from memory:

Both teams jumped out onto the playing field, the church team bearing a big "G" of "Gagliardo" ["Gallant" in Italian] and the council team bearing a big "D" of "Dynamos"; nevertheless, the public didn't pay any attention to those signs and received the teams its way: "Up with Peppone!", "Up with Don Camillo!"

This shows us the funny atmosphere that can be felt in those stories. In other circumstances, the real characters are the inhabitants and our two main characters are there just to assent or give their opinion, without playing any decisive role,but they are there.

Don Camillo and Christ

A curious characteristic of these stories is that Guareschi reproduces conversations that Christ and Don Camillo have when they are alone and nobody can hear them, especially funny are the reprimands that Christ gives to Don Camillo when he forgets the Christian obligation of not using his physical strength to solve conflicts and takes advantage of his physical attributes. So, apart from the duality Don Camillo - Peppone for political reasons, there is also the duality Don Camillo - Christ about using strength or not.

"The Procession"

The story I have chosen, "The procession", gives us a good introduction on how these two characters relate to each other and how they solve conflicts between them; maybe it's not one of those so funny ones, but it is useful to introduce both characters and their interaction and the atmosphere dominating in the village. The plot is more or less this one: Pepp0ne, the communist major, intends to take part in the annual religious procession to the river, for the benediction of the waters, with the communist flag, which Don Camillo refuses, and this provokes a boycott to the procession, with Peppone's men "advising" people not to take part in it, Don Camillo's reaction, and the subsequent situations, including an ironic final speech by Don Camillo addressed both to Christ and to Peppone and his men about what he thinks of them but at the same time asking Christ to make the river behave well.

The real place and the real people

G. Guareschi inspired himself in a small village called Roccabianca, in the Toscana, the area around Parma, and the real Peppone was a sindicalist major called Giovanni Faraboli (for Don Camillo he inspired himself in three different priests he had known, according to his son). Near Roccabianca is the village of Fontanelle, where the author lived most of his life and where his son has created his father's museum. Something really curious, by the way, is that in no one of the several books the village of Don Camillo is mentioned by its name, the author refused to give a name to it.

The author's legacy

The stories of Don Camillo and Peppone have been translated into several languages, also at least one of them into Latin. With this translation into Classical Greek I accomplish the promise I made to Guareschi's son last summer, when I visited the museum he has created about his father and was lucky to meet the son personally, and I also pay my personal tribute to this author, as his books were the first ones I read when I reached the age in which a schoolboy leaves comics and starts to feel interest for books.

This translation

I have tried to use plain Classical Greek, avoiding complicated constructions and expressions but at the same time remaining close to the original text. Some modern terminology has been solved by means of the classical one, as for instance the word "church" (meaning "temple"), the use of ναός was evident, but in some other cases I have got to create a neologism (something I do quite often for my web page AKWN), as for instance for the word "machine gun" which I couldn't replace for "weapon", as the main question in those lines is that citizens hear its noise from far away and act consequently, so I have used ὁπλοπολυβόλον, adapting it from modern Greek.

To keep the humoristical sentences of Guareschi was one of the most difficult tasks; readers will say whether this has been achieved or not.

I thought at the beginning about including some notes in difficult parts to help students, but as I remember that the Latin translation was just the plain text without any kind of explanation, I have decided to follow the same pattern. In any case, this can always be done in the future.

Characters in this story

ὁ Κάμιλλος Don Camillo, priest of the village's church.

οἱ εὐσεβεῖς the pious inhabitants, Don Camillo's supporters.

ὁ Χριστός Christ (always talking from the Cross in these tales).

ὁ Πεπῶν Peppone, communist major in the same village.

ὁ Τραχύς The Brusque, one of Peppone's men.

οἱ τοῦ Πεπόνος ἐπιτήδειοι Peppone's political supporters.

οἱ κωμῆται inhabitants of the village.

Juan Coderch

University of Oxford (2003-2007)

University of St Andrews (since 2007)

Η πομπή

Κατ᾽ ἐνιαυτόν, τῆς ἑορτῆς ἐν τῇ κώμῃ γιγνομένης, οἱ κωμῆται τὸν τοῦ Χρίστου σταυρὸν ἔφερον πομπεύοντες, τῆς δὲ πομπῆς πρὸς τὸ φράγμα ἀφικομένης ὁ ἱερεὺς τῷ ποταμῷ καθιέρωσιν ἐνετίθει ἵνα ὁ ποταμὸς μὴ μανικῶς ἔχοι καὶ τῇ κώμῃ κοσμίως προσφέροιτο.

ὡς τὸ πρότερον, πάντα ἐδόκει τότε κατὰ τὸ ἀεὶ τεταγμένον γενήσεσθαι· ὅμως δέ, τοῦ Καμίλλου ποτὲ τὸ τῆς ἑορτῆς πρόγραμμα γράφοντος, ὁ Τραχὺς ἐξαίφνης εἰς τὸ πρόναον εἰσέβη.

"ὁ τοῦ συνεδρίου γραμματεύς, ἔφη, κελεύει εἰπεῖν σοι ὅτι τὸ συνέδριον πᾶν τῆς πομπῆς μεθέξει τὸ ἡμέτερον σημεῖον φέρον."

29

ὁ Κάμιλλος, ἀποκρινάμενος, εἶπε· "τῷ μὲν γραμματεῖ Πεπόνι χάριν ἔχω, χαιρήσω γὰρ ἐὰν πάντες οἱ τοῦ συνεδρίου ἄνθρωποι παρῶσιν, ὅμως δὲ δεῖ αὐτοὺς τὸ σημεῖον οἴκοι ἀπολιπεῖν, χρὴ γὰρ τοὺς πομπεύοντας οὐδενὶ πολιτικῷ σημείῳ ἐν ἱερᾷ πομπῇ χρῆσθαι· ταῦτα δὴ τὰ ἐμὰ προστάγματα."

ὁ μὲν Τραχὺς ἀπῆλθεν, ἔπειτα δὲ ὁ Πεπῶν ἀφίκετο εἰς τοσοῦτο ἀνοίας ἥκων ὥστε οἱ ὀφθαλμοὶ ἐκ τῶν κοίλων ἐξέπιπτον.

"χριστιανοὶ καὶ ἡμεῖς ἐσμεν ὡς οἱ ἄλλοι πάντες," ἐβόησε ὁ Πεπῶν εἰς τὸ πρόναον εἰσβὰς καίπερ ἐξουσίαν οὐ λαβόμενος· "τί οὖν τοῖς ἄλλοις διαφερόμεθα;"

"τόδε δή, ὅτι εἰς τὴν τινὸς ἄλλου οἰκίαν εἰσβαίνοντες τὴν κυνῆν οὐκ ἀποτίθεσθε," εἶπε ὁ Κάμιλλος, ἡσυχῶς ἀποκρινάμενος.

ὁ Πεπῶν τὴν κυνῆν ὀργίλως ἀπέθετο.

"νῦν δὴ τοῖς ἄλλοις χριστιανοῖς ἴσος εἶ," εἶπε ὁ Κάμιλλος.

"διὰ τί οὐκ ἔξεστι ἡμῖν τὸ σημεῖον φέρουσι πομπεύειν; τί τὸ σημεῖον; ἆρα τοῦτο τὸ σημεῖον ἴσως σύμβολον τῶν τε λῃστῶν καὶ τῶν δολοφόνων ἐστίν;"

"ἥκιστα, ὦ τάν," ἀπεκρίνατο ὁ Κάμιλλος τὸν καπνὸν ἐμπρήσας, "σημεῖον γὰρ πολιτικῆς τινος ἑταιρείας ἐστιν, δεῖ δὲ τὴν πομπὴν μὴ πολιτικὴν εἶναι, ἱερὰν δέ."

"τούτου οὖν οὕτως ὄντος, δεῖ καί σε τῷ σημείῳ τῷ τῆς Καθολικῆς Πράξεως ἑταιρείας μὴ χρῆσθαι."

"διὰ τί; ἡ Καθολικὴ Πρᾶξις πολιτικὴ ἑταιρεία οὐκ ἔστιν, εἰς τοσοῦτον δὲ τοῦτο οὕτως ἐστὶ ὥστε ἐγὼ αὐτὸς ὁ γραμματεύς εἰμι· μάλιστα δὲ συμβουλεύω σαυτόν τε καὶ τοὺς σοῦς ἑταίρους ἐγγράφεσθαι."

ὁ δὲ Πεπῶν γελάσας ἀπεκρίνατο· "ἐὰν τὴν σὴν μέλαιναν ψύχην σώζεσθαι βούλῃ, δεήσει σε σαυτὸν τῇ ἡμετέρᾳ ἑταιρείᾳ ἐγγράφειν."

ὁ δὲ Κάμιλλος, τὰς ἀγκῶνας ἀποδιορίζων καὶ μειδιάσας, εἶπε· "οὕτως ἔστω, πάντες ἐν τῷ αὐτῷ τόπῳ μενόντων καὶ φίλοι ἐσόμεθα ἀλλήλων."

"ἐγὼ καὶ σὺ οὔποτε φίλοι γεγόναμεν," εἶπε ὁ Πεπῶν.

"καὶ ὅτε ἐν τοῖς ὄρεσι συνεμαχεσάμεθα;"

"οὐδαμῶς, μόνον γὰρ στρατηγικὴν συμμαχίαν ἐποιησάμεθα, ὑπὲρ γὰρ τῆς δικαιοσύνης ἔξεστι ἡμῖν καὶ τοῖς ἱερεῦσι συμμαχίαν ποιεῖσθαι."

"ἔστω, ἔφη ὁ Κάμιλλος ἡσυχῶς, ἀλλὰ ἐὰν συμπομπεύειν βούλησθε χρήσει ὑμᾶς τὸ πολιτικὸν σημεῖον οἴκοι ἀπολιπεῖν."

ὁ μὲν Πεπῶν σκυθρωπάζων ἐβόησεν· "εἰ σὺ προσποιεῖσθαι βούλει ὅτι ὁ πρῶτος κωμήτης εἶ, παντελῶς ἁμαρτάνεις· εἴτε τοι τῷ ἡμετέρῳ σημείῳ χρώμεθα, εἴτε οὐδεὶς πομπεύει ἐν τῇ κώμῃ πάσῃ."

ὁ δὲ Κάμιλλος οὐκ ἐταράχθη. "τῆς ὀργῆς ἐπιλήσεται," εἶπεν ἑαυτῷ. καὶ τῷ ὄντι τῶν τριῶν πρὸ τῆς

31

πομπῆς ἡμερῶν οὐδεὶς περὶ τοῦ πράγματος ἤκουεν. ὅμως δέ, αὐτῇ τῇ τῆς πομπῆς ἡμέρᾳ, πρὸ τῆς λειτουργίας, πολλοὶ ἐκπληγέντες εἰς τὸ πρόναον ἀφίκοντο καὶ τόδε ἤγγειλαν· "οἱ τοῦ Πεπόνος συστρατιῶται τῆς προτέρας νυκτὸς εἰς πάσας τὰς οἰκίας εἰσελθόντες εἶπον ὅτι ὅστις ἂν συμπομπεύῃ, οὗτος τὸν ἑαυτοῦ βίον ἐν μικρῷ ποιήσει."

"οὐδέν μοι εἶπον, ἔφη ὁ Κάμιλλος, οὐκοῦν τὸ πρᾶγμα οὐ μέλει μοι."

ἔδει μὲν τὴν πομπὴν μετὰ τὴν λειτουργίαν ποιεῖν, τοῦ δὲ Καμίλλου ἐν τῷ προνάῳ τὰ ἱμάτια μεταβαλλομένου ἧκον ἔνιοι τῶν εὐσεβῶν.

"ἆρα τί δεῖ ποιεῖν;" ἤροντο.

"τὴν πομπήν," ἀπεκρίνατο ὁ Κάμιλλος ἡσυχῶς.

"ἐκεῖνοι οἷοί τ᾽ εἰσι δόρατα ἐπὶ τοὺς ἀκολούθους ἐπιβαλεῖν," ἔφησαν, "δεῖ σε τοὺς εὐσεβεῖς μὴ εἰς τοιοῦτον κίνδυνον καταστῆσαι· κατὰ γὰρ ἡμᾶς δεῖ τὴν μὲν πομπὴν τὸ παραυτίκα ἀναβάλλεσθαι καὶ τοὺς τοξότας τοὺς ἐν τῇ πόλει ἀνακαλεῖν, πομπεύειν δὲ τότε ὅταν τοσοῦτοι τοξόται παρῶσι ὥστε ἐξεῖναι ἐπ᾽ ἀδείας πομπεύειν."

"κάλλιστα λέγεις," ἔφη ὁ Κάμιλλος, "καὶ δὴ καὶ εὖ λέγοιμεν ἂν τοῖς τοῦ χριστιανισμοῦ μάρτυρσι ὅτι κακῶς ἔπραξαν ποιοῦντες ἃ ἐποίησαν, οὐ μὲν γὰρ ἔδει τότε εὐαγγελίζεσθαι ὅτε ἀπόρρητον ἦν τοῦτο ποιεῖν, ἔδει δὲ μένειν ἕως οἱ τοξόται ἀφίκοιντο."

ἔπειτα δὲ ὁ μὲν Κάμιλλος αὐτοῖς ἔδειξε ὅπου ἡ θύρα εἴη, οὗτοι δὲ ἄκοντες ἀπῆλθον· ὀλίγῳ δὲ ὕστερον γέροντές τινες καὶ γρᾶες εἰς τὸ πρόναον ἀφίκοντο.

"ἡμεῖς συνακολουθήσομεν, ὦ Κάμιλλε."

"ἥκιστα δή, ἔλθετε οἴκαδε εὐθύς," ἐκέλευσε ὁ Κάμιλλος· "ὁ Θεὸς ὑπολογίσεται περὶ τῆς ὑμετέρας διανοίας καὶ χάριν σχήσει· ἐν τούτοις δὴ τοῖς πράγμασι δεῖ τούς τε γέροντας καὶ τὰς γραῦς καὶ τοὺς παῖδας οἴκοι μένειν."

πρὸ μὲν τοῦ ναοῦ μικρὸς σύλλογος ἔμεινεν, ἀκούσαντες δὲ ψόφον ὅπλων (ὁ Τραχὺς αἴτιος ἦν, ὃς τῷ ὁπλοπολυβόλῳ ἔχρητο πρὸς τὴν ἀέρα προσβάλλων ἵνα τοὺς κωμήτας πείθοι) οἱ παρεστῶτες οὗτοι αὐτίκα καπνὸς ἐγένοντο καὶ ἠφανίσαντο· ὁ δὲ Κάμιλλος, εἰς τὴν τοῦ προνάου θύραν ἥκων, τὴν ἀγορὰν ἐρήμην εἶδε καὶ κενὴν ὡς τὴν πένητος τράπεζαν.

"ὦ Κάμιλλε, ἴωμεν;" ἤρετο τότε ὁ Χρίστος ἀπὸ τοῦ βώμου· "ὁ ποταμὸς κάλλιστος φαίνεται τοῦ ἡλίου οὕτως ἐκλάμποντος· ἀσμένως οὖν αὐτὸν ὄψομαι."

"πῶς γὰρ οὔ;" ἀπεκρίνατο ὁ Κάμιλλος· "ὅμως δὲ δεῖ σε αἰσθάνεσθαι νῦν ἐμὲ μόνον πομπεύσοντα· εἴ σοι τοῦτο ἐξαρκεῖ...".

"ὅταν ὁ Κάμιλλος παρῇ, ἐξαρκεῖ ἱκανῶς," ἔφη ὁ Χριστός μειδιῶν.

33

ὁ οὖν Κάμιλλος ταχέως τὸ δερμάτινον ἔρεισμα ἔλαβεν ὅποι τὸν σταυρὸν ἔδει καταθεῖναι καί, τὸν μέγαν σταυρὸν ἀπὸ τοῦ βωμοῦ καταστήσας, εἶπεν·

"εἴθε τοῦτον τὸν σταυρὸν ἐλαφρότερον ἐποίησαν."

"τοῦτό μοι εὖ λέγοις ἄν, ἐμοὶ γὰρ αὐτὸν μέχρι τῆς τοῦ ὄρους κορυφῆς ἀνάγκη ἦν ἀναφέρειν, καὶ δὴ καὶ τοιοῦτο νῶτον ὅ σοί ἐστιν οὐκ ἦν μοι."

μετὰ δὲ ταῦτα ὁ Κάμιλλος, τὸν σταυρὸν ἀνέχων, διὰ τῆς θύρας σεμνῶς ἐξέβη.

ἡ κώμη ἐρήμη ἦν, οἱ γὰρ κωμῆται, μάλιστα φοβούμενοι, ἐν ταῖς οἰκίαις ἔμενον καὶ διὰ τῶν τρημάτων μετὰ σιγῆς ἔβλεπον.

"ἴσως τούτοις τοῖς ἱερεῦσι ἔοικα οἳ τὸ πάλαι, τοῦ λοιμοῦ τὰς πόλεις ἐκκενώσαντος, μόνοι διὰ τῶν ἀγυιῶν διέβαινον μέλαν σταυρὸν φέροντες," ἔφη ὁ Κάμιλλος ἑαυτῷ. ἔπειτα δὲ τοὺς μὲν ψαλμοὺς μεγάλῃ φωνῇ ἤρξατο ᾄδων, ἡ δὲ ἔτι μᾶλλον ἀπήχει διὰ τὴν ἐν τῇ κώμῃ σιγήν.

διὰ δὲ τῆς ἀγορᾶς διῆλθε καὶ εἰς τὴν πρώτην ἀγυιὰν ἀφικόμενος ἐν μέσῳ ἔστη καὶ βαίνων διετέλεσεν· καὶ ἐν ταύτῃ τῇ ἀγυιᾷ ἥ τε ἐρημία καὶ ἡ σιγὴ παντελῶς παρῆσαν.

μικρὸς δὲ κύων ἐξ ἄλλης ἀγυιᾶς ἀφικόμενος μετὰ τὸν Κάμιλλον ἡσυχῶς βαίνων ἤρξατο, ὁ δὲ "ἄπιθι" ἐβόησεν, ἀλλὰ ὁ Χριστὸς ἀπὸ τοῦ σταυροῦ εἶπεν· "ἔασον, οὕτως γὰρ οὐκ ἔξεσται τῷ Πεπόνι εἰπεῖν ὅτι ἐν τῇ πομπῇ οὐδὲ κύων παρῆν."

ἐν δὲ τῷ τόπῳ οὗ ὁ ταύτης τε τῆς ἀγυιᾶς καὶ τῆς κώμης ὄρος ἦν, τὸν προσβαίνοντα κάμψαι ἔδει καὶ ἐκεῖ ἀτραπὸς ἔκειτο ἢ πρὸς τὸ φράγμα ἤλαυνεν· ὁ μὲν Κάμιλλος κάμψας εἶδεν ἐξαίφνης τὴν ἀγυιὰν ἐμφραχθεῖσαν, διακόσιοι γὰρ ἄνθρωποι τῷ ἰόντι ἐμποδὼν ἦσαν σιγῇ, τὰ σκέλη κεχωρισμένα ἔχοντες καὶ τοὺς βραχίονας κλῃστούς, ὁ δὲ Πεπῶν ἐν τῷ προτέρῳ ἔστη, μάλιστα προκαλούμενος.

ὁ δὲ Κάμιλλος ἑαυτῷ μὲν εἶπε· "εἴθε ἅρμα γενοίμην·" ἀλλὰ ὁ ἱερεὺς ἔτυχε μόνον ἄνθρωπος ὤν, πρὸ δὲ τοῦ Πεπόνος ἀφικόμενος τὸν σταυρὸν ἐκ τοῦ ἐρείσματος ἐξέλαβε καὶ ἔπαλλεν ὡς ῥοπάλον.

"ὦ Ἰησοῦ, τοῦ σταυροῦ βεβαίως λάβου," ἔφη, "μέλλω γὰρ πλήγματά τινα προῖκα τούτοις παρέξειν."

ὅμως δὲ τοῦτο ποιεῖν οὐκ ἀναγκαῖον ἦν, οἱ γὰρ ἄνθρωποι, τὴν τοῦ Καμίλλου γνώμην αἰσθόμενοι, εἰς τοὔπισθεν ἀνεχώρησαν καὶ μαγευτικῶς εὐρὺς χῶρος ἐν μέσῳ τῷ ὄχλῳ ἐφάνη· ὁ δὲ Πεπῶν μόνος ἐν τῇ ὁδῷ ἐμποδὼν ἔμενεν, τὰ σκέλη ἔχων κεχωρισμένα καὶ τοὺς βραχίονας κλῃστούς. ὁ μὲν Κάμιλλος, τὸν σταυρὸν αὖθις εἰς τὸ ἔρεισμα καταθείς, εὐθὺς πρὸς τὸν Πεπόνα προὐχώρησεν, ὁ δὲ ἐκποδὼν ἀπέβη καί, τὸν σταυρὸν σημαίνων, εἶπεν·

"οὔ σοι ἕνεκα ἀπαλλάτομαι, ἀλλ᾽ αὐτοῦ ἕνεκα."

"οὐκοῦν ἀποθοῦ ἀπὸ τῆς κεφαλῆς τὴν κυνῆν," ἐβόησε ὁ Κάμιλλος οὐ βλέπων πρὸς αὐτόν.

ὁ μὲν Πεπῶν τὴν κυνῆν ἀπέθετο, ὁ δὲ Κάμιλλος σεμνῶς διὰ τοῦ ὄχλου διέβη· εἰς δὲ τὸ φράγμα ἀφικόμενος κατέστη.

"ὦ ᾿Ιησοῦ, εἴ γε ἐν ταύτῃ τῇ ἀκαθάρτῳ κώμῃ αἱ οἰκίαι αἱ τῶν ὀλίγων εὐσεβῶν ἀνθρώπων ἐν τῷ ὕδατι ἐπιπολάζειν ἔχοιεν ὡς τὸ τοῦ Νωὲ πλοῖον, εὐχοίμην ἄν σοι οὕτως τὸν ποταμὸν αὐξάνειν ὥστε τὸ φράγμα θραύειν καὶ τὴν πᾶσαν κώμην κατακλύζειν· ὅμως δέ, ἅτε τῶν ὀλίγων εὐσεβῶν ἀνθρώπων ἐν πλινθίναις οἰκίαις οἰκούντων ὡς τοσούτων ἀσεβῶν, οὐ δίκαιον ἂν εἴη τοὺς ἀγαθοὺς δίκην ὑπέχειν τῶνδε ἕνεκα, τῶν κακῶν οἷον τοῦ Πεπόνος καὶ τῶν ἐπαράτων λῃστῶν οἳ αὐτῷ ὑπακούουσιν· οὐκοῦν εὔχομαί σοι τὴν κώμην ἐκ τοῦ κατακλυσμοῦ σῴζειν καὶ εὐσοίαν τε καὶ εὐετηρίαν προετικῶς διδόναι."

"ἀμήν," εἶπε ὁ Πεπῶν ὄπισθεν τοῦ Καμίλλου ἑστηκώς.

"ἀμήν," ἐπαλιλλόγησαν οἱ τοῦ Πεπόνος ἐπιτήδειοι, οἳ τῷ σταυρῷ κατεκεκολουθήκεσαν.

ὁ δὲ Κάμιλλος πρὸς τὸν ναὸν ἐπανῄει καί, εἰς τὸ πρόναον ἀφικόμενος, ἐπεστρέψατο ἵνα ὁ Χριστὸς αὖθις τῷ ἀπόπτῳ ποταμῷ ἀγαθὰ κελεύοι, ἐξαίφνης δὲ εἶδε τὸν κῦνα καὶ τὸν Πεπόνα καὶ τοὺς ἐπιτηδείους αὐτοῦ καὶ πάντας τοὺς κωμήτας· καὶ ὁ φαρμακευτικὸς αὐτὸς παρῆν, καίπερ ἄθεος ὤν, ἀλλά, μὰ τὸν Θεόν, οὔποτε ἐνέτυχεν ἱερεῖ τῷ Καμίλλῳ ἐοικότι, ὃς οἷός τ᾿ ἦν τὸν Αἰώνιον Πατέρα εὐαρέστως ἐπαγγέλλεσθαι.

Ασυνήθιστο ή επινοημένο λεξιλόγιο
Unusual and made-up vocabulary

(gender as expected according to the declension)

ἀκάθαρτος, -ον impure
ἄποπτος, -ον out of sight
γραμματεύς, -έως secretary
ἐμφράττω to block up
ἐπιπολάζω to float
ἐπάρατος, -ον accursed
ἔρεισμα, -ατος prop
ἑταιρεία, -ας (polit.) party
εὐαρέστως in a pleasant way
εὐετηρία, -ας good season
εὔσοια, -ας prosperity
καθιέρωσις, -εως benediction
Καθολικὴ Πρᾶξις Catholic Action (religious organization in Italy)
καπνός, -οῦ cigar, smoke
κυνῆ, -ῆς hat
ὁπλοπολυβόλον, -ου machine gun
προετικῶς lavishly
σημεῖον, -ου flag

σκυθρωπάζω to look sullen

συνέδριον, -ου committee

τοξότης, -ου policeman

τρῆμα, -ατος aperture

φράγμα, -ατος dam

"Elementary, dear Watson"

"ἀπλοῦν ἐστιν, ὦ Οὔαζον"

Have a taste of one of the most well-known characters of
English literature in the language of Pericles

Sherlock Holmes

Τὸ τῶν τριῶν μαθητῶν σύμβημα

(The Case of the Three Students)

του Σερ Άρθουρ Κόναν Ντόυλ
by Sir Arthur Conan Doyle

(μετάφραση στα Αρχαία Ελληνικά από τον Χ. Κοντέρκ)
(translated into Classical Greek by J. Coderch)

ΕΙΣΑΓΩΓΗ

Θα ήταν ανόητο από μέρους μου αν προσπαθούσα να παρουσιάσω κάποια εισαγωγικά στοιχεία για τον Σερ Άρθουρ Κόναν Ντόυλ και το διάσημο χαρακτήρα του, τον Σέρλοκ Χολμς, καθώς η ήδη τεράστια φήμη τους σε παγκόσμιο επίπεδο δεν μου το επιτρέπει. Για το λόγο αυτό θα κάνω μόνο μερικά σύντομα σχόλια που αφορούν συγκεκριμένα σημεία σχετιζόμενα με αυτή τη μετάφραση.

43

Γιατί τον Σέρλοκ Χολμς;

Ο Σερ Άρθουρ Κόναν Ντόυλ είναι ίσως ο μοναδικός συγγραφέας που δημιούργησε έναν τόσο γνωστό χαρακτήρα όπως ο διάσημος ντετέκτιβ, και επομένως η μετάφραση μιας από τις ιστορίες του στα αρχαία ελληνικά θα μπορούσε να θεωρηθεί ως ένας τρόπος απόδοσης φόρου τιμής στον ίδιο για το τεράστιο ταλέντο του. Εκτός αυτού, υπάρχει βέβαια και ένας ακόμη προσωπικός λόγος: ο θαυμασμός μου για τη δουλειά του. Κάθε ένα από τα έργα του προσελκύει τον αναγνώστη σε τέτοιο βάθρο ώστε η ανάγνωσή τους να γίνεται πλέον παθολογικά για να απαντηθεί στην ουσία το ερώτημα: ποιος είναι ο δολοφόνος. Στην περίπτωσή μας όμως, φοβάμαι ότι θα πρέπει να περιοριστούν σε έναν απλό αντιγραφέα εξετάσεων ...

Γιατί αυτήν την υπόθεση;

Η πλοκή αυτής της υπόθεσης αφορά ένα τέτοιο θέμα ώστε να προσφέρεται ως η καλύτερη επιλογή για μετάφραση στα αρχαία ελληνικά: τρεις φοιτητές των Αρχαίων Ελληνικών πρέπει να λάβουν μέρος σε εξετάσεις για μια ουσιαστική υποτροφία. Η πρώτη εξέταση περιλαμβάνει ένα μεγάλο εδάφιο για μετάφραση στα ελληνικά, το οποίο δεν έχει ξαναδεί ο υποψήφιος, και ο καθηγητής προσθέτει στη συνέχεια ότι η άσκηση θα συνίσταται από μισό κεφάλαιο του Θουκυδίδη.

Έτσι λοιπόν, η συνήθης "άγνωστη" εξέταση ήταν κάτι πολύ γνωστό (και ίσως μισητό) από τους φίλτατους φοιτητές μας. Την ημέρα όμως πριν από τις εξετάσεις, ο καθηγητής ανακαλύπτει ότι κάποιος μπήκε στο γραφείο του, ενώ εκείνος έλειπε, και προσπάθησε να αντιγράψει τις λύσεις της εξέτασης. Ο Σέρλοκ Χολμς πρέπει να βρει ποιος από τους τρεις Φοιτητές είναι ο "απατεώνας".

Οξφόρδη ή Κέιμπριτζ;

Οι φοιτητές ανήκουν σε ένα πανεπιστήμιο σε μια από τις σπουδαίες πανεπιστημιακές μας πόλεις. Ο Σερ Άρθουρ Κόναν Ντόυλ δε δίνει κάποιο συγκεκριμένο όνομα, αλλά είναι αρκετά προφανές ότι στο μυαλό του έχει είτε την Οξφόρδη είτε το Κέιμπριτζ, ενώ το ίδιο το πανεπιστήμιο το ονομάζει Αγ. Λουκά. Δεδομένου λοιπόν, ότι δεν υπάρχει κανένα πανεπιστήμιο με αυτό το όνομα σε καμία από τις δύο πόλεις, ο συγγραφέας (αλλά ούτε και εμείς) δεν είναι υποχρεωμένος να μείνει προσκολλημένος σε ένα συγκεκριμένο τόπο.

45

Το άγνωστο κείμενο

Ο Θουκυδίδης είναι ένας τόσο γνωστός συγγραφέας σε όλους τους φοιτητές των Αρχαίων, που στην ουσία θα ήταν απλά αρκετό να ρίξει κάποιος μια ματιά στο κείμενο για να τον αναγνωρίσει ή ακόμη και στην περίπτωση που ο φοιτητής δεν είχε διαβάσει το συγκεκριμένο κομμάτι στα ελληνικά, θα μπορούσε πολύ εύκολα να αναγνωρίσει το έργο από το οποίο προέρχεται αυτό το κείμενο, ώστε να μπορέσει να το εντοπίσει αργότερα σε κάποια έκδοση. Αλλά κι αν ακόμη είναι αδύνατον να το αναγνωρίσει αμέσως, το μόνο που χρειάζεται να κάνει ο φοιτητής είναι να γράψει τις πρώτες προτάσεις ώστε να βοηθηθεί ο ίδιος ή η ίδια να το εντοπίσει αργότερα. Η αντιγραφή και των τριών σελίδων θα ήταν εντελώς άχρηστη.

Είναι απαραίτητο βέβαια, να λάβουμε υπόψη ότι ο Κόναν Ντόυλ δημοσίευσε την υπόθεση αυτή το 1904, και πιθανότατα την εποχή εκείνη δε διέθεταν όλοι οι φοιτητές ολόκληρη την έκδοση του Θουκυδίδη. Επιπλέον, στην υπόθεση ο μαθητής βλέπει τις λύσεις του διαγωνίσματος το απόγευμα πριν από τις εξετάσεις, και επομένως δε θα υπήρχε κατά πάσα πιθανότητα ο χρόνος για να πάει στη βιβλιοθήκη και να εντοπίσει το κομμάτι (δεν μπορούσα φυσικά να βρω τι ώρα έκλεινε η Βιβλιοθήκη Μποντλίαν το 1904 ...).

Η μετάφρασή μου

Απέφυγα να χρησιμοποιήσω θαυμαστικά και οποιοδήποτε άλλο σημείο στίξης που δεν χρησιμοποιούνταν στα αρχαία ελληνικά. Τόλμησα μόνο να χρησιμοποιήσω παύλες για να ορίσω τον ευθύ λόγο και ειδικά για την εναλλαγή των διαλόγων. Παρόλο που το δημοφιλές ρητό "traduttore traditore" (η μετάφραση είναι προδοσία) φαίνεται να εμπεριέχει μεγάλη δόση αλήθειας, ωστόσο για να "ακουστεί" πιο ελληνικό το κείμενο, αναγκάστηκα σε ορισμένες περιπτώσεις να εισάγω μικρές τροποποιήσεις σε συνάρτηση με το αρχικό αγγλικό κείμενο, όπως όταν χρησιμοποίησα για παράδειγμα το δεύτερο ενικό πρόσωπο σε μια πρόταση, η οποία έλεγε αρχικά "κάποιος θα μπορούσε εύκολα να συνειδητοποιήσει ότι ... ". με το οποίο αυτή έγινε "θα μπορούσες εύκολα να συνειδητοποιήσεις ότι ...".

Βέβαια, μερικές λέξεις θα πρέπει αναγκαστικά να εφευρεθούν, όπως για παράδειγμα το "κρίκετ" και το "ράγκμπυ". Άλλες λέξεις όμως, παρότι υπάρχουν στα ελληνικά, χρησιμοποιούνται κατά τέτοιο τρόπο, ώστε θα ήταν δύσκολο να φανεί το νόημα που θα ήθελα να αποδώσω γράφοντάς τις: για παράδειγμα, το ουσιαστικό "ο εκδούς" σημαίνει τυπογράφος. Στο τέλος της μετάφρασης προσέθεσα μια λίστα από ασυνήθιστο και αυτοσχέδιο λεξιλόγιο.

47

Χαρακτήρες

Τα κύρια ονόματα πρέπει να προσαρμοστούν στην ελληνική. Κατά τη σύνθεση στα ελληνικά, υπάρχουν συνήθως τρεις επιλογές:

-η μεταγλώττιση κατά τον τρόπο που ακούγεται το όνομα στην αρχική του γλώσσα

-η μετάφρασή του εάν σημαίνει κάτι (για παράδειγμα, αυτό ακριβώς έκανα με το όνομα "οδός Μπέικερ": Ἡ τοῦ Ἀρτοκόπου Ὁδός)

-η χρήση κλασικών ονομάτων: θα μπορούσαμε να αντικαταστήσουμε το όνομα "Σέρλοκ Χολμς" με το "Περικλής";

Η πρώτη από τις επιλογές ήταν αυτή που χρησιμοποίησα (εκτός από το όνομα της οδού), προσπαθώντας να διατηρήσω το κείμενο όσο το δυνατόν εγγύτερα στο πρωτότυπο, χωρίς όμως να γράφω τα ονόματα ακριβώς όπως θα ακούγονταν κατά την ανάγνωσή τους, αλλά προσπαθώντας να βρω μια μέση λύση για να συμφωνούν ο ήχος και ο τρόπος που γράφονται στα ελληνικά. Για παράδειγμα, ο Γκίλκριστ μεταφράζεται ως Γίλχρις, -ιδος και όχι ως Γίλχριστ, παρόλο που η τελευταία επιλογή θα έμοιαζε περισσότερο με τον πρωτότυπο αγγλικό ήχο.

Οι χαρακτήρες μεταγλωττίστηκαν ως εξής:

Σέρλοκ Χολμς ,	Σέρλωκ Ὄλμης, –ους
Γουάτσον,	Οὐάζων, –ονος

Ο καθηγητής:
Χίλτον Σόαμς,   Ἴλτων Σωάμης, –ους

Ο υπηρέτης:
Μπάννιστερ,   Βαννίστηρ, –ηρος

Οι τρεις φοιτητές
Ντόλατ Ρας,	Δαῦλατ Ῥᾶς
Γκίλκριστ,	Γίλχρις, –ιδος
ΜακΛάρεν,	Μακλάρην, –ηνος

Χουάν Κοντέρκ

Πανεπιστήμιο της Οξφόρδης (2003-2007)

Πανεπιστήμιο Σεντ Άντριους (από το 2007)

Introduction

It would be nonsense trying to put here an introduction on Sir Arthur Conan Doyle and his famous character Sherlock Holmes, so worldwide known are both of them. Therefore, I will make only some brief comments about specific points related to this translation.

Why Sherlock Holmes?

There is possibly no other author than Sir Arthur Conan Doyle who has produced such a well-known character as the famous detective, and to translate one of his stories into Classical Greek is maybe a way of paying homage to him for his talent. Apart from this, of course there is also another personal reason: my admiration for his work. Any of his pieces offers the reader attraction enough as to make it compulsive reading: who is the killer? Well, in this case I am afraid we will have to confine ourselves with an exam cheater ...

Why this case?

The plot of this case deals with such a theme as to make it the best choice to translate into Classical Greek: three Classics students must take an exam for a substantial scholarship. The first exam consists of "a large pasage of Greek translation which the candidate has not seen", and the tutor adds later that "the exercise consists of half a chapter of Thucydides". So, the usual "unseen" exam, something very well known (and hated maybe?) by our beloved students. But the day before the exam the tutor finds out that somebody has been in his office while he was absent and has tried to make a copy of the exam proofs. Sherlock Holmes must find out who of the three students is trying to cheat.

Oxford or Cambridge?

The students belong to a college in "one of our great university towns". Sir Arthur Conan Doyle doesn't give any concrete name, but it seems quite evident that he has either Oxford or Cambridge in his mind, and he names the college with the name of St. Luke's; as there is no college in either university with this name, the author allows himself to remain (and to make us remain) in no man's land.

The unseen itself

Thucydides is an author so well known by all students of Classics that in fact it would have been enough to throw a glance at the text and, even in the case that the student hadn't read that precise part in Greek, there would have been nothing easier than to identify immediately the part of the work where the text had been taken from, in order to find it later in an edition. Or, even in the event of not identifying it immediately, all the student should do is just write the first sentences to help him/her to locate it later. To copy the three pages would be completely unnecessary.

Of course, we must take into account that Conan Doyle published this case in 1904, and possibly not all students had then a whole edition of Thucydides in their rooms; moreover, the student sees the exam proofs the afternoon before the exam, so possibly there was no time to go to the library and locate it (I haven't been able to find out at what hour the Bodleian Library closed in 1904...).

My translation

I have avoided using exclamation marks and any punctuation marks not used in Classical Greek. I have just allowed myself to use hyphens to mark direct speech, especially alternate dialogues. Although the popular saying "traduttore tradittore" seems to have quite a lot of truth in itself, to make it sound more Greek I have had to introduce in some cases minor modifications with respect to the original English, as for instance using the second singular for a sentence saying "one could easily realize that...", with which it would become "you could easily realize that...".

Of course, some words have to be made up, as for instance "cricket" or "rugby". Other words, although they exist in Greek, are used in such a way that it could be difficult to see with which meaning I have written them; for instance, the noun ὁ ἐκδούς means "the printer". At the end of the translation I have added a list of unusual and made-up vocabulary.

The characters

The proper names have to be adapted. When composing into Greek, there are usually three possibilities:

-to transliterate the way the name sounds in its original language.

-to translate it if it means something (for instance, this is what I have done with "Baker" Street: ἡ τοῦ Ἀρτοκόπου ὁδός.

-to use classical names: could we have translated Sherlock Holmes by "Pericles"?

I have chosen the first option (except for the street), trying to preserve the text as near to its original as posible, but not writing the names exactly as it would sound when read aloud, but trying to reach a middle way agreement between their sound and the way they are written in English. For instance, Gilchrist is translated as Γίλχρις, –ιδος and not as Γίλχριστ, although this last option would resemble more the original English sound.

The characters have been transliterated as follows:

Sherlock Holmes	Σέρλωκ Ὅλμης, –ους
Watson	Οὐάζων, –ονος

The tutor:
Hilton Soames   Ἴλτων Σωάμης, –ους

The servant:
Bannister   Βαννίστηρ, –ηρος

The three students:

Daulat Ras	Δαῦλατ Ῥᾶς
Gilchrist	Γίλχρις, –ιδος
McLaren	Μακλάρην, –ηνος

Juan Coderch
University of Oxford (2003-2007)
University of St Andrews (since 2007)

Τὸ τῶν τριῶν μαθητῶν σύμβημα

Πάλαι δή, συντυχιῶν τινῶν γενομένων περὶ ὧν οὐκ ἀναγκαῖον νῦν διηγεῖσθαι, ὅ τε Ὄλμης καὶ ἐγὼ ἑβδομάδας τινὰς διετρίβομεν ἐν μεγάλῃ τῆς ἡμετέρας χώρας πόλει βέλτιστον πανεπιστήμιον ἐχούσῃ· τότε δὲ ἡμῖν συνέβη λεπτῇ μέν, διδασκαλικὴ δὲ τύχη περὶ ἧς νῦν ἐξηγήσεσθαι μέλλω, καὶ ῥᾳδίως συνείης ἂν τίνος ἕνεκα οὐδὲν τεκμήριον δώσω ὃ ἀκριβῶς τὸ πανεπιστήμιον ἢ τὸν ἀδικήσαντα ἐκδείξειεν ἄν, τοῦτο γὰρ πλημμελές τε καὶ κακόστομον εἴη ἄν, τὸ δὲ βέλτιστόν ἐστι τούτου τοῦ αἰσχροτάτου δυστυχήματος ἐπιλανθάνεσθαι. ὅμως δὲ ἔξεστί μοι τὸ δυστύχημα αὐτὸ ἐξηγεῖσθαι καίπερ τὰ ὀνόματα οὐ λέγοντι, τοῦτο γὰρ φανερὰν ποιοίη ἂν τὴν τοῦ ἐμοῦ φίλου ἕξιν δι᾽ ἣν ἔνδοξος οὗτος ἐγένετο. τούτων οὖν οὕτως ἐχόντων, διηγούμενος οὐδένι τεκμηρίῳ χρήσομαι ὃ τῷ ἀναγιγνώσκοντι δηλοῖ ἂν ποῦ τοῦτο ἐγένετο ἢ τίνες μεταίτιοι εἴησαν.

ᾠκοῦμεν ἐν ἐκείνῳ τῷ χρόνῳ ἐν οἰκίᾳ πᾶσαν τὴν τῷ εὖ διαιτᾶσθαι ἀναγκαίαν κατασκευὴν ἐχούσῃ, ἐγγὺς τῆς βιβλιοθήκης ἐν ᾗ ὁ Σέρλωκ Ὅλμης ἐπιπόνως ἐξήταζε περὶ δικαστικῶν τῆς ἀρχαίας Ἀγγλίας γραμμάτων· ὃ δὲ ἐκ ταύτης τῆς ἐξετάσεως ἀπέβη οὕτως θαυμάσιον ἦν ὥστε ἴσως τῷ μέλλοντι χρόνῳ περὶ τούτου διηγήσαιμι ἄν.

ἑσπέρας δέ τινος ὁ Ἴλτων Σωάμης, ὃν πάλαι ἤδη ἔγνωμεν, παρ᾽ ἡμᾶς ἦλθεν. διδάσκαλός τε καὶ ἐπίτροπος οὗτος ἦν τοῦ διδασκαλείου Ἁγίου Λούκου καλουμένου, ἐν τῷ τῆς πόλεως πανεπιστημίῳ· τὸ μὲν σῶμα ὑψηλός τε καὶ οὐδαμῶς παχὺς ἦν, τὴν δὲ ψυχὴν αὐτοῦ ῥαδίως ταράττοις ἄν. καὶ εἰ ἦ δὴ αὐτὸν ἀεὶ τεταραγμένον ὄντα, τότε οὕτως ἠδημόνει ὥστε δῆλον ἦν ὅτι ἄνομόν τε καὶ θαυμάσιόν τι ἐγεγόνει, οὐ γὰρ οἷός τ᾽ ἦν ἑαυτὸν ἡσυχὸν κατέχειν.

–ἐλπίζω, ὦ Ὅλμες, ἐξέσεσθαί σοι μικρόν γε χρόνον πρὸς ἐμὲ τὸν νοῦν παρέχειν, καίπερ ἀσχόλῳ ὄντι, δυστύχημα γὰρ μέγα ἐγένετο ἐν τῷ Ἁγίῳ Λούκᾳ καί, εἰ σὺ μὴ ἐν τῇ πόλει παρείης, οὐκ εἰδείην ἂν τί δεῖ ποιεῖν.

–νῦν οὐδεμία σχολή μοί ἐστιν, ἀπροσεξίαν δὲ ἔχειν οὐ βούλομαι, ἀπεκρίνατο ὁ ἐμὸς φίλος. μάλιστα βουλοίμην ἂν σε παρὰ τοὺς φύλακας ἐλθεῖν.

–οὐ δῆτα, ὦ τάν, οὐδαμῶς ἔξεστι ἡμῖν τοῦτο ποιεῖν· τῶν γὰρ φυλάκων παρακληθέντων, οὐκ ἔξεστιν ἔπειτα οὐδὲν ἄλλο ποιεῖν, τὸ δὲ πρᾶγμα τοιοῦτόν ἐστι ὥστε, τῆς τοῦ πανεπιστημίου φήμης ἕνεκα, ἀναγκαιότατόν ἐστι μὴ κακὴν ἀδοξίαν ὀφλισκάνειν. σὺ δὲ οὐ μόνον διὰ τὴν σὴν εὐλαβείαν ἀλλὰ καὶ διὰ τὴν ἐπιστήμην καλῶς ἀκούεις καὶ μόνος ἐν τῇ οἰκουμένῃ οἷός τ᾽ εἶ με ὠφελεῖν· διόπερ, ὦ Ὄλμες, αἰτῶ σε πᾶσαν σπουδήν μοι ποιεῖσθαι.

ἀλλὰ τὸ τοῦ Ὄλμους ἦθος ἐπὶ τὸ βέλτιον οὐκ ἐκεχωρήκει τῆς ἡδείας ἐν τῇ τοῦ Ἀρτοκόπου Ὁδῷ δίαιτας ἐστερημένου, τὰ γὰρ ὑπομνήματα καὶ τὰ φάρμακα οὐκ ἔχων καὶ τῇ κατὰ τὸ εἰωθὸς ἀταξίᾳ οὐ χρώμενος κακῶς διέκειτο. τοὺς οὖν ὤμους ἔσεισεν ὡς ἄκων ἀκούειν δεχόμενος, ἕως ὁ ἀφικόμενος τὸν λόγον διηγεῖτο ἅμα μὲν προπετῶς λέγων, ἅμα δὲ ταραχώδης σχηματιζόμενος.

–δεῖ με λέγειν σοι, ὦ Ὄλμες, ὅτι αὔριον μὲν οἱ μαθηταὶ τῶν δοκιμασιῶν ἄρξονται τὸ Φόρτεσκον ἆθλον κτᾶσθαι πειρώμενοι, ἐγὼ δὲ εἷς τῶν δοκιμαστῶν εἰμι, ἑλληνικὴν γὰρ γλῶτταν διδάσκω· δεῖ δὲ αὔριον τοὺς μαθητὰς μακρὸν λόγον οὐ τὸ πρότερον ἰδόντας ἐκ τῆς ἑλληνικῆς γλώττης μεταφράζειν· οἱ μαθηταὶ χάρτην δέξονται ἐν ᾧ ὁ λόγος γεγραμμένος ἐστὶ καί, ὡς τὸ εἰκός, εἴ τις νῦν ἤδη ἑτοιμάζειν δύναιτο, πολλῷ προέχοι ἂν τοῖς ἄλλοις, διὰ δὲ ταῦτα μάλιστα ἐπιμελούμεθα ὅπως τὴν δοκιμὴν μὴ ὄψονται.

–τήμερον δὲ περὶ τὴν τρίτην ὥραν προσήνεγκόν μοι τοὺς χάρτας τὸν λόγον γεγραμμένον ἔχοντας. ἡ δὲ δοκιμὴ ἥδε ἐστίν, λόγον τινὰ τοῦ Θουκυδίδου μεταφράζειν. ἅτε χρεὼν ἐν τοῖς λόγοις οὐδὲν σφάλμα ἐνεῖναι, ἐδέησέ με ἀκριβέστατα ἀναγιγνώσκειν. πρὸς δὲ τὴν ἑσπέραν, καίπερ τὸ ἔργον οὐ τελευτήσας, ἀπῆλθον τοὺς χάρτας ἐν τῷ οἰκήματι λιπών, ὑπεσχόμην γὰρ παρὰ φίλῳ τινὶ δειπνήσειν, ἀπῆν δὲ πλέον ἢ μίαν ὥραν. ὡς σὺ οἶσθα, ὦ Ὄλμες, αἱ θύραι αἱ τῶν οἰκημάτων ἐν τῷ ἡμετέρῳ πανεπιστημίῳ διπλαῖ εἰσιν, ἡ μὲν ἔνδοθεν χλωρὸν ὕφασμα ἐπέχουσα, ἡ δὲ ἔξωθεν δρυΐνη καὶ παχεῖα οὖσα. ἐπανελθὼν δὲ καὶ τῇ ἔξωθεν θύρᾳ τοῦ ἐμοῦ οἰκήματος πλησιάζων ἐθαύμασα ἰδὼν κλεῖδα ἐν τῷ κλείθρῳ ἐντεθεῖσαν.

–πρῶτον μὲν ἐνόμισα αὐτὸς ἐπιλήσμων τὴν ἐμαυτοῦ κλεῖδα ἐκεῖ καταλιπεῖν, ἔπειτα δὲ τῇ χειρὶ ψηλαφῶν ᾐσθόμην αὐτὴν ἐν τῷ ἐμῷ σακκίῳ οὖσαν. εὖ οἶδα ὅτι ὁ ἐμὸς ὑπηρέτης μόνος ἄλλην κλεῖδα ἔχει, ὁ Βαννίστηρ, ὃς ἤδη δέκα ἔτη ἐπιμέλειαν ἔχει τοῦ ἐμοῦ οἰκήματος, τὴν δὲ χρηστότητα αὐτοῦ οὐδαμῶς ἂν ἀπιστοίην. ὡς ἀληθῶς, ἀνηῦρον ταύτην οὖσαν τὴν κλεῖδα αὐτοῦ, εἰς μὲν γὰρ τὸ οἴκημα εἰσεληλύθει ἐρωτήσων πότερόν τι πίνειν βουλοίμην, ἐξελθὼν δὲ ἐν τῷ κλείθρῳ τὴν κλεῖδα ἐπέλαθεν. οὐκ ἔστι ὅπως εἰς τὸ οἴκημα οὐκ ἀφίκετο ἐμοῦ ἄρτι ἀπελθόντος. καὶ εἰ τὸ τὴν κλεῖδα ἐκεῖ καταλιπεῖν οὐ διήνεγκεν ἂν τηνάλλως, ἐν τούτῳ τῷ καιρῷ ταύτης τῆς ἐπιλησμονῆς γενομένης τὸ συνεπόμενον ἐλεεινότατον ἦν.

–πρὸς τὴν τράπεζαν βλέπων αὐτίκα ἠσθόμην τινὰ τοὺς τρεῖς χάρτας μεταχειρίσαντα ἐν οἷς ἡ δοκιμὴ γεγραμμένη ἦν. ἐγὼ μὲν ἐξελθὼν τοὺς χάρτας ἀθροῦς κατέλιπον, νῦν δὲ ὁ μὲν ἐπὶ τοῦ ἐδάφους ἔκειτο, ὁ δὲ ἐπὶ τραπεζίου τινὸς ἐγγὺς τῆς θυρίδος, ὁ δὲ τρίτος ἔτι οὗ κατέλιπον ἐγώ.

ὁ Ὄλμης τὴν πρώτην ἔδοξε μᾶλλον εἰδέναι βούλεσθαι, ὑπολαβὼν δὲ εἶπεν·

–ἡ πρώτη σελὶς ἐπὶ τοῦ ἐδάφους ἔκειτο, ἡ δὲ δευτέρα ἐγγὺς τῆς θυρίδος, ἡ δὲ τρίτη ἐκεῖ οὗ σὺ κατέλιπες.

–οὕτως ἐστὶ ὡς σὺ λέγεις, ὦ Ὄλμες, τούτου δὲ ἄγαμαι· πῶς ἔξεστί σοι εἰδέναι;

–διατελοίης ἂν τὴν ἀξιολογωτάτην διήγησιν.

–πρῶτον μὲν ἐνόμισα τὸν Βαννίστηρα τοὺς χάρτας μεταχειρίσαι, ὃ οὔτε ἀνυστὸν οὔτε συγγνωστὸν ἂν εἴη· ὅμως δὲ τοῦτο ἀπηρνήθη ὡς ἀσφαλέστατα, πέπεισμαι δὲ αὐτὸν τἀληθῆ λέγειν. δυνατὸν δὲ καί ἐστιν ὅτι ἄνθρωπός τις παρερχόμενος καὶ τὴν κλεῖδα ἐν τῇ θύρα οὖσαν ἰδών, ἐμοῦ ἄποντος, εἰσῆλθεν ἵνα τὰς χάρτας ἐξετάζοι. πολλὰ μὲν χρήματα ἐκ τούτου ἐξαρτᾶται, τὸ γὰρ ἆθλον ἀξιώτατόν ἐστιν, οὐκοῦν ἀσχήμων τις ἑκὼν κινδυνεύοι ἂν ἵνα τῶν ἑταίρων πλεονεκτοίη. ὁ δὲ Βαννίστηρ μάλιστα μὲν ἐταράχθη τοῦ δυστυχήματος ἕνεκα, εἰς δὲ ὀλίγον ἀφίκετο λιποψυχεῖν ἐπεὶ ἀκριβῶς ᾐσθόμεθα τινα τοὺς χάρτας ἐξετάσαντα. οἶνον αὐτῷ παρασχὼν ἔλιπον ἐπὶ θρόνου βαρέως καθισάμενον καὶ τὸ οἴκημα ἠκριβολογούμην· οὐ διὰ πολλοῦ ἐξηῦρον τὸν παρείσακτον ἄλλα ἴχνη καταλιπόντα, οὐ μόνον τοὺς χάρτας τεταραγμένους, ἐπὶ γὰρ τῆς τραπέζης τῆς ἐγγὺς τῆς θυρίδος θραύσματα ἔκειτο γραφίδος ἦν ἔθηξεν. ηὗρον δὲ καὶ μέρος τοῦ τῆς γραφίδος ἄνθρακος, σαφὲς δὲ ἦν τότε μοι τί ἐγένετο· ὁ μαστιγίας τὸν λόγον ὡς τάχιστα ἀπογράφων τὸν τῆς γραφίδος ἄνθρακα ἔρρηξεν, οὐκοῦν ἔδει αὐτὸν πάλιν θήγειν.

–καλῶς γε, ἐβόησεν ὁ Ὅλμης, τὴν εὐκολίαν ἀποδεικνὺς διότι τὸ πρᾶγμα ἐπὶ πλέον ἔμελεν. μάλιστα ηὐτύχησας τοῦτο εὑρών.

–ἀλλὰ πλεῖον λέγειν ἔχω· τράπεζα νέα μοί ἐστιν, τότε μὲν ἡ ἐπιπολή, σκυτίνη τε καὶ ὑπέρυθρος οὖσα, ἄμεμπτος ἦν καὶ οὐδεμία κηλὶς ἐν αὐτῇ ἦν, τοῦτο δὲ ὅ τε Βαννίστηρ καὶ ἐγὼ ἐπομνύοιμεν ἄν, νῦν δὲ τομὴν ἐν αὐτῇ εἶδον διαφανῆ τε καὶ μακρὰν οὖσαν, οὐ μὴν μικρὰν κνῆσιν λέγω, δολιχήν δέ. καὶ δὴ καὶ οὐ μόνον τοῦτο, ηὗρον γὰρ καὶ ἐπὶ τῆς τραπέζης μικρὰν βῶλον κεραμικὴν καὶ μελάγγαιον καὶ μικρότατα ξυλινὰ μόρια ἔχουσαν. σαφῶς οἶδα τὸν παρείσακτον τὸν τοὺς χάρτας μεταχειρίσαντα πάντα ταῦτα τὰ ἴχνη καταλιπόντα. στίβους δὲ οὐχ ηὕρομεν οὔτε ἄλλα τεκμήρια ὅστις ὁ παρείσακτος εἴη ἀποδεικνύντα. ἐν μὲν ἀπορίᾳ ἦν ἐγώ, ἐξαίφνης δὲ ἔμνησα ὅτι σὺ ἐν τῇ πόλει παρείης, εὐθὺς δὲ πρὸς σὲ προσῆλθον ἵνα πάντα σοι παραδοίην.

ὠφελοίης με ἄν, ὦ Ὄλμες, τοῦτο αἰτῶ· τὸ δὴ πρόβλημα ἐννοῶ· εἴτε ἐξευρίσκω τίς τοῦτο ἐποίησεν εἴτε δεήσει ἡμᾶς τὴν δοκιμασίαν ἀναβάλλεσθαι ἕως ἂν νέαν δοκιμὴν παρασκευάζωμεν, τοῦτο δὲ ποιεῖν οὐκ ἐξὸν μὴ ἐξηγοῦντος μηδενὸς εἰς ἀτιμίαν τε καὶ αἰσχύνην εἰσπεσούμεθα καὶ οὐ μόνον τῷ διδασκαλείῳ αἴσχιστον ἔσται ἀλλὰ καὶ παντὶ τῷ πανεπιστημίῳ. μάλιστα χρὴ τοῦτο τὸ πρόβλημα διὰ σιγῆς καὶ εὐλαβῶς διαλύειν.

–ἡδέως παραινοίην ἄν σοι, πάντα ἐξετάσας, τί δεῖ ποιεῖν, ἔφη ὁ Ὄλμης, ἀναστὰς καὶ τὴν χλαμίδα ἐνδυόμενος. τοῦτο τὸ πρᾶγμα ἄξιον λόγου ἐστίν. ἆρα προσῆλθέ σοί τις εἰς τὸ οἴκημα τοὺς χάρτας ἤδη δεξαμένῳ;

–ναί, ὁ Δαῦλατ᾽ Ρᾶς, ἰνδὸς νεανίας, μαθητὴς ὃς ἐν τῇ αὐτῇ οἰκίᾳ οἰκεῖ, ἦλθε τινὰ περὶ τῆς δοκιμασίας ἐρωτήσων.

–τῆς δοκιμασίας γλίχεται;

–ναί.

–οἱ χάρται ἐπὶ τῆς τραπέζης τότε ἔκειντο;

–ὀλίγου κατ᾽ ἐξωλείας ὀμνύοιμι ἂν ὅτι εἰλιγμένοι ἦσαν.

–ἀλλὰ ἐξῆν αἰσθάνεσθαι αὐτοὺς τὴν δοκιμὴν ὄντας;

–ἴσως δή.

–ἄλλος τις ἐν τῷ οἰκήματι παρῆν;

–οὐδεὶς παρῆν.

65

–ἤδει τις τὴν δοκιμὴν ἐκεῖ οὖσαν;

–μόνος ὁ ἐργάτης αὐτὴν ἐκδούς.

–ἤδει ὁ Βαννίστηρ οὗτος;

–οὐδαμῶς, οὐδεὶς ἤδει.

–ποῦ ἐστι νῦν ὁ Βαννίστηρ;

–μάλα ἀσθενεῖ· καθισάμενον ἐπὶ θρόνου κατέλιπον, ὡς γὰρ τάχιστα πρὸς σὲ προσελθεῖν μοι ἔδοξεν.

–τὴν θύραν ἀνεῳγμένην κατέλιπες;

–πρῶτον τὴν δοκιμὴν κατέκλεισα.

–τότε δή, ὦ Σωάμες, τὸ πρᾶγμα ἁπλοῦν ἐστιν· εἰ ὁ ἰνδὸς μαθητὴς μὴ ἤσθετο τὸν κύλινδρον ἀληθῶς δοκιμὴν ὄντα, ὁ ἐκεῖ ἐξετάζων κατὰ τύχην ηὗρεν, ἅτε οὐκ εἰδὼς ἐκεῖνο ἐκεῖ ὄν.

–τὸ αὐτό μοι δοκεῖ.

ὁ Ὅλμης ἀτόπως ἐμειδίασεν.

–ἄγε, ἔφη, ἴωμεν ἰδεῖν· τοῦτο τὸ πρόβλημα οὐ πρέπει σοι, ὦ Οὔαζον, περὶ μὲν γὰρ τοῦ νοῦ ἐπιμελεῖσθαι δεῖ, οὐ μέντοι περὶ τοῦ σώματος. εἶεν, εἰ βούλει ἔξεστί σοι συνελθεῖν. ὦ Σωάμες, ἐπὶ σοὶ ὑπάρχομεν.

τὸ τοῦ ἡμετέρου φίλου οἴκημα μακράν τε καὶ ὁμαλὴν θυρίδα εἶχεν πρὸς τὴν τοῦ ἀρχαίου διδασκαλείου αὐλὴν φέρουσαν, μοχλὸς δὲ τῇ θυρίδι ἦν, τὰ δὲ τῆς αὐλῆς τείχη, ἀρχαῖα ὄντα, φυτεύμασι καλυπτὰ ἦν. διὰ δὲ καλλίστης θύρας ἐξῆν ἀφίκεσθαι εἰς λιθίνην τε καὶ τετριμμήνην κλίμακα. τὸ μὲν τοῦ διδασκάλου οἴκημα ἐν τῇ κάτω στήγῃ ἦν, ἄνω δὲ τρεῖς μαθηταὶ ἐνῴκουν, εἷς κατὰ στήγην.

ὑπὸ νύκτα ἀφικόμεθα εἰς τὸν τόπον τοῦ μυστερίου, ὁ δὲ Ὄλμης βαίνων ἐπαύσατο καὶ τὴν θυρίδα ἀκριβῶς ἐξήτασεν· ἐγγυτέρω προσελθὼν ἐπ᾽ ἄκρους ὄνυχας ἀνέστη καὶ τὸν αὐχένα ἐκτείνων πρὸς τὸ εἴσω ἐπετήρει.

–διὰ τῆς θύρας εἰσιέναι ἐδέησεν, ἐνθάδε γὰρ μόνον μέρος τῆς θυρίδος ταύτης ἀνοῖξαι ἔξεστιν, μικρότερόν γε ἢ ὥστε διελθεῖν, ἔφη ὁ πολυμαθὴς ἀνὴρ ὃς ἡμῖν ἡγεμόνευεν.

–οἴμοι, ἔφη ὁ Ὄλμης πρὸς τὸν ἀκολουθοῦντα ἠρέμα μειδιάσας καὶ ὑπερφυῶς βλέπων. εὖ γε· εἰ οὐκ ἔξεστι μᾶλλόν τι ἐξευρίσκειν, βέλτιον εἴη ἂν εἰσιέναι.

ὁ διδάσκαλος τὴν ἔξω θύραν ἀνοίξας ἡμᾶς ἐνδοῖ εἰσεκάλεσεν· ἐν δὲ τῷ οὐδῷ ἐμείναμεν, τοῦ Ὄλμους τὴν δαπίδα ἐξετάζοντος.

–ἴχνη οὐδένα πάρεστιν, ἔφη, οὐ γὰρ εἴη ἂν τοιαύτη εὐδίᾳ. οἴομαι δὲ τὸν σὸν ταμίαν ἀναστῆναι. εἶπες ὅτι ἐπὶ θρόνου καθήμενον κατέλιπες, ἐπὶ τίνος;

–ἐπ᾽ ἐκείνης πρὸς τῇ θυρίδι οὔσης.

–ἆ, ἐγγὺς τούτου τοῦ τραπεζίου· ἔξεστιν ὑμῖν εἰσιέναι, τὴν δαπίδα ἤδη ἐξήτασα. πρῶτον μὲν τὸ τραπέζιον ἐξετάσωμεν. παπαῖ, περιφανές ἐστι τί ἐγένετο, πῶς γὰρ οὔ; ὁ εἰσβὰς τοὺς μὲν χάρτας καθ᾽ ἕνα ἔλαβεν ἐκ τῆς μέσης τραπέζης, ἔπειτα δὲ πρὸς ταύτην τὴν ἄλλην τράπεζαν πρὸς τῇ θυρίδι οὖσαν ἤνεγκεν ἄτε ἐνθένδε ἰδεῖν ἔχων σε διὰ τῆς αὐλῆς προσερχόμενον, καὶ δὴ καὶ δυνατὸν εἴη ἂν ἐκφυγεῖν.

–τῷ ὄντι οὐκ εἶχέ με ἰδεῖν, ἔφη ὁ Σωάμης, ἐπεὶ διὰ τῆς ἄλλης θύρας εἰσῆλθον.

–ἰού, τοῦτό μοι μέλει. ὅμως δὲ ὁ παρείσακτος ἐκεῖνο ἐν νῷ εἶχεν. δός μοι ἰδεῖν τοὺς τρεῖς χάρτας· οὐδὲ μὲν οὐδὲ δακτυλικὰ ἴχνη ἔνεστιν, οὐδέν τι. σκοπῶμεν, πρῶτον μὲν τοῦτον λαβὼν ἀπεγράψατο. πόσον χρόνου ἔδει ἵνα τοῦτο ποιοίη, καὶ εἰ σημείοις ἐχρήσατο; πεντεκαίδεκα λεπτά γε. τοῦτον ἀπογράψας, πρὸς τὸ ἔδαφος ἔρριψε καὶ τὸν δεύτερον χάρτην ἔλαβεν. κατὰ δὲ τὸ εἰκὸς τὸ ἥμισυ τελευτήσαντα ἐδέησε ὡς τάχιστα ἀναχωρεῖν ἄτε σοῦ ἐξαίφνης ἐπανελθόντος, οὕτως δὴ ταχέως ὥστε οὐκ ἐξῆν αὐτῷ πάλιν τοὺς χάρτας ἀποθεῖναι οὗ τὸ πρότερον ἔκειντο ὅπως μὴ αἰσθάνοιο σύ τινος ἐνθάδε ὄντος. ἆρα μὴ ἤκουσας βαδισμὸν ταχὺν ἀνὰ τὸν ἀναβαθμὸν εἰσελθών;

–οὐχ ἥκιστα.

–ἔχε νῦν· τοσαύτη προθυμίᾳ ἔγραψεν ὥστε τὴν γραφίδα ἔρρηξε καί, ὡς ἤδη αὐτὸς ἐνενόησας, θήγειν ἔδει. ἀκοῆς ἄξιόν ἐστι τοῦτο, ὦ Οὔαζον, ἡ γραφὶς οὔτε μεγάλη οὔτε μικρὰ ἦν, θαλάσσιος τὸ ἔξωθεν, τὸ μὲν τοῦ δημιουργοῦ ὄνομα ἐξῆν ἰδεῖν ἀργυροῦν γεγραμμένον, τὸ δὲ ὑπόλοιπον μέρος ἴσως τὸ μῆκος μικρόν ἐστιν. ζήτει οὖν ταύτην τὴν γραφίδα, ὦ Σώαμες, καὶ τὸν ἀδικήσαντα εὑρήσεις; ἄλλο δὴ λέγειν ἔχω, ὅτι σμίλην μεγάλην τε καὶ ἀμβλεῖαν ἔχει.

ἄτε τοσαῦτα πυθόμενος μάλιστα ἠγάσατο ὁ Σωάμης.

–πάντα μὲν τὰ ἄλλα μανθάνω, ἔφη, οὐ μέντοι τοῦτο περὶ τοῦ μήκους.

ὁ Ὄλμης αὐτῷ ἐξέδειξε μικρὸν ξυλινὸν θραῦσμα τὰ στοιχεῖα ΝΝ καὶ ἔρημον μέρος εἰς τὸ ὀπίσω ἐνέχον.

–ἆρα μὴ τοῦτο ὁρᾷς;

–οὐδαμῶς, καὶ εἰ ἀκριβῶς προσβλέπω.

–ὦ Οὔαζον, ἀεί περί σου ἐν ἁμαρτίᾳ ἦν, ἄλλοὶ γὰρ τοιοῦτοί εἰσιν. τί δύναται ταῦτα τὰ ΝΝ; δῆλόν ἐστιν ὅτι τὸ τέλος τὸ λόγου τινός ἐστιν. ὡς πάντες ἴσασιν, ὁ Ἰωὰνν Φάβηρ ἐστὶ ὁ γνωριμώτατος ἐργαστὴς γραφίδων. ἆρα μὴ δῆλόν ἐστιν ὅτι μόνον περιμένει τῆς γραφίδος τὸ μετὰ Ἰωὰνν γεγραμμένον;

τότε τὸ τραπέζιον ἐκ πλαγίου ἐπέκλινεν ἵνα τὸ ἠλεκτρικὸν φῶς φωτίζοι καὶ εἶπεν·

–ἤλπισα αὐτὸν οὕτως λεπτῷ χάρτῃ χρήσασθαι ὥστε ταύτην τὴν λείαν ἐπιπολὴν κνισθῆναι, ἀλλὰ οὐκ ἔξεστιν οὐδὲν ἰδεῖν, οὐδὲν ἄλλο ἀφαιρητέον ἐκ τούτου ἐστίν. σκοπῶμεν νῦν τὴν μέσην τράπεζαν. νομίζω τοῦτο εἶναι τὴν μέλαιναν βῶλον περὶ ἧς ἔλεγες τὸ πρότερον. ἀλλὰ πυραμοειδὴς δοκεῖ εἶναι, τρῆμα δὲ ἔνεστιν, σαφῶς ἔξεστιν ἰδεῖν. ὥσπερ εἶπες, μικρότατα ξυλινὰ μόρια ἔχει· παπαῖ, τοῦτο θαυμαστόν ἔστιν. τὸ δὲ τμῆμα... μακρὸν τμῆμα, νὴ τὸν Δία, λεπτόν ἐστι τὸ πρῶτον, βαθὺ δὲ τὸ τέλος· ὦ Σώαμες, εὐχάριστός εἰμί σοι διότι ἐμὲ πρὸς τοῦτο τὸ πρόβλημα προσέτρεψας. ποῖ φέρει αὕτη ἡ θύρα;

–πρὸς τὸν ἐμὸν θάλαμον.

–ἆρα ἐκεῖσε εἰσῆλθες μετὰ τὸ συμβαῖνον;

–οὐδαμῶς, ὡς γὰρ σὲ ἀπῆλθον.

–ἡδέως ἂν τὸν θάλαμον ἴδοιμι. ἆ, ὡς καλὸς θάλαμος κατὰ τὸν ἀρχαῖον τρόπον κεκοσμημένος. μένοις ἂν μικρὸν χρόνον ἕως τὸ ἔδαφος ἐξετάζω. αἰβοῖ, οὐδὲν ὀπτέον ἐστίν. τί τὸ παραπέτασμα τοῦτο; τόδε αἰσθάνομαι, σὺ τὰ ἱμάτια ὄπισθεν κρεμάννυς. εἴ τις ἀναγκασθείη κρύψασθαι ἐν τούτῳ τῷ θαλάμῳ, δέοι ἂν αὐτὸν ἐνθάδε κρύψασθαι, ἡ μὲν γὰρ κλίνη ὁμαλωτέρη, ἡ δὲ σκευοθήκη οὐχ ἱκανῶς βαθεῖά ἐστιν. ὑπολαμβάνω οὐδένα παρεῖναι.

ὅτε ὁ Ὅλμης τὸ παραπέτασμα εἷλκεν, ἠσθόμην αὐτὸν αὐστηρόν τε καὶ φυλακτικὸν διακείμενον καὶ ὡσεὶ ἀπροσδόκητόν τι ἀναμένοντα. ὡς δὲ αὐτὸ τὸ ἔργον ἐδήλωσεν, ὄπισθεν τοῦ παραπετάσματος οὐδὲν ἄλλο ἦν ἢ ἱμάτια ὡς τέτταρα ἐκ πασσάλων κρεμαστά. ὁ δὲ Ὅλμης, τρεπόμενος, ἐξαίφνης πρὸς τὸ ἔδαφος κατακάμψας ἐβόησεν·

–ἰδού· τί τοῦτο;

μικρὰ πυραμὶς ἦν ἐκεῖ, ἐκ μελαίνης γῆς πεποιημένη, ἴση ἐκείνῃ τῇ ἐπὶ τῆς τραπέζης ἐν τῷ οἰκήματι κειμένῃ. ὁ δὲ

Ὄλμης ἐπὶ τῆς χειρὸς αὐτὴν ἔχων πρὸς τὸ ἠλεκτρικὸν φῶς προσήνεγκεν.

–ὁ εἰσελθὼν ἴχνη ἐν τῷ θαλάμῳ δοκεῖ καταλιπεῖν, οὐ μέντοι μόνον ἐν τῷ οἰκήματι.

–ἀλλὰ τί ἐνθάδε ζητήσειεν ἄν;

–φανερότατόν μοί ἐστιν. οὗτος οὐκ ᾔσθετό σε ἐπανελθόντα πρὶν ἤδη παρὰ τῇ θύρᾳ αὐτῇ παρέστης, ὅτι ἀπροσδοκήτῃ ὁδῷ ἐπανῆλθες. τί εἶχε ποιεῖν; ἀνέλεξε πάντα ἃ ἀποδεικνύοι ἂν αὐτὸν ἐκεῖ ὄντα καὶ εἰς τὸν θάλαμον τοῦ κρύπτεσθαι εἰσέδραμεν.

–μὰ τὸν Δία, ὦ Ὄλμες, ἆρα λέγεις μοι ὅτι πάντα τὸν χρόνον ὅτε ἐγὼ παρῆν τῷ Βαννίστερι διαλεγόμενος οὗτος ὁ μαστιγίας ἐνθάδε ἁλοὺς παρῆν, ἡμῶν οὐκ εἰδότων;

–οὕτως νομίζω ἔγωγε.

–δεῖ ἄλλην τινὰ ἐξήγησιν εἶναι, ὦ Ὄλμες. ἆρα τὴν θυρίδα τὴν ἐν τῷ ἐμῷ θαλάμῳ εἶδες;

–κλεῖθρον ἔχει μολύβδῳ δικτυάλωτον, τρία δὲ μέρη διάστατα ἔνεστιν, ἐν δὲ αὐτῶν γιγγλυμοὺς ἔχει καὶ ἔξεστι οὕτως ἀνοίγειν ὥστε ἄνθρωπόν τινα διελθεῖν ἔχειν.

–ἀληθῶς λέγεις, ἔφη ὁ Σωάμης, καὶ εἰς τὸ ἔξω πρὸς γωνίαν τῆς αὐλῆς φέρει ἡ θυρίς, οὕτως δὲ μικροῦ δεῖν ἄποπτός ἐστιν. ἴσως ὁ παρείσακτος ἔνθα εἰσβὰς τοῦτο τὸ ἴχνος κατέλιπε διὰ τοῦ θαλάμου διαβάς, ἔπειτα δέ, τὴν θύραν ἀνεῳγμένην ἰδών, ἐκείνῃ διέφυγεν.

71

–δεῖ ἡμᾶς λογιστικοὺς εἶναι, ἀπεκρίνατο ὁ Ὄλμης. εἶπές μοι ὅτι τρεῖς μαθηταὶ ταύτῃ τῇ κλίμακι χρῶνται πρὸ τῆς θύρας ὡς ἐπὶ πολὺ προβαίνοντες;

–οὑτωσί.

–οὗτοι δὲ οἱ τρεῖς μαθηταὶ τὴν δοκιμασίαν ποιήσονται;

–ναί.

–αἰτίαν ἔχεις δι᾽ ἣν ὑποπτεύεις τινὰ αὐτῶν μᾶλλον ἢ τοὺς ἄλλους;

ὁ Σωάμης ἠπόρει.

–τοῦτο τὸ ἐρώτημα χαλεπώτατόν ἐστιν, τεκμήρια δὲ μὴ ἔχων οὐ βούλομαι ὑποπτεύματα σκεδαννύναι.

–τὰ ὑποπτεύματα ἀκούσωμεν, τὰ δὲ τεκμήρια ζητήσω.

–τούτων οὕτως ἐχόντων, δι᾽ ὀλίγων τὸ ἔθος διηγήσομαι τὸ τῶν τριῶν μαθητῶν ἐν τούτοις τοῖς οἰκήμασιν οἰκούντων.

–ἐν τῇ πρώτῃ στέγῃ ὁ Γίλχρις οἰκεῖ, ἄριστος μαθητής τε καὶ ἀθλητής. ἀγωνίζεσθαι μὲν τῇ ῥουγβικῇ ἀγέλῃ καὶ τῇ τοῦ κρίκετος ὑπὲρ τοῦ διδασκαλείου, ἠρέθη δὲ πρὸς τὴν τοῦ πανεπιστημίου πηδητικὴν κατὰ ὕψος καὶ κατὰ μῆκος ἀγέλην· ἡδύς τε καὶ ἀνδρεῖός ἐστιν οὗτος ὁ νεανίας. ὁ πατὴρ αὐτοῦ ἦν ὁ ἔνδοξος Ἰάβης Γίλχρις, ὃς πάντα τὰ χρήματα περιδιδόμενος ἀνήλωσεν. ὁ ἐμὸς μαθητὴς εἰς πενίαν κατέστη, ἀλλὰ προθυμότατός ἐστι καὶ ἐπὶ τὸ βέλτιον χωρήσει.

–ἐν τῇ δευτέρᾳ στέγῃ οἰκεῖ ὁ Δαῦλατ Ῥᾶς, ἰνδὸς ἀνήρ, σιγηλός τε καὶ εὐλαβής, ὡς οἱ πλεῖστοι τῶν ἰνδῶν τυγχάνουσιν ὄντες. τὰ μαθήματα εὖ πράττει, ὅμως δὲ τὴν ἑλληνικὴν γλῶτταν πονηρῶς ἔχει. σπουδαῖός ἐστιν, καθ᾽ ὁδὸν καὶ κοσμίως ἐργαζόμενος.

–τὸ δὲ τρίστεγον ὁ Μίλης Μακλάρην ἔχει, λαμπρὸς ἀνὴρ ἐὰν πονεῖν βούληται, τῶν μὲν βελτίστων καὶ συνετωτάτων ἐν τῷ πανεπιστημίῳ ἐστίν, ἀβέβαιος δὲ καὶ ἀκόλαστός, ἐπιτήδευμα δὲ κακὸν ἔχει· τῷ δὴ πρώτῳ ἔτει μόνον οὐκ ἐξεβλήθη διὰ αἰσχρὸν ἔργον, κυβεύων γὰρ ἠπάτα. ἅτε πάντα τὸν ἐνιαυτὸν ῥαθυμηκὼς ἴσως ἀθυμεῖ νῦν ταύτης τῆς δοκιμασίας ἕνεκα.

–ὡς ἔπος εἰπεῖν, αὐτὸν ὑποπτεύεις.

–τοιοῦτο οὐκ ἂν λέγοιμι, τῶν δὲ τριῶν ἴσως τούτῳ οὐ τοσοῦτο πιστεύοιμι ἂν ὅσον τοῖς ἄλλοις.

–καλῶς λέγεις· νῦν δέ, ὦ Σώαμες, γιγνώσκωμεν τὸν σὸν ὑπηρέτην, τὸν Βαννίστηρα.

ὁ Βαννίστηρ, περὶ πεντήκοντα ἔτη γεγονώς, ὠχρός τε καὶ ξυρήκης καὶ πολιὸς ἦν. οὐκέτι δ᾽ ἐκ τούτου τοῦ δυστυχήματος ἀνειστήκει, ἅτε ἡσύχιον δίαιταν ὡς τὰ πολλὰ ἔχων. οἱ μὲν τοῦ προσώπου μύες, μαλακοὶ ὄντες, σπασμώδεις ἔτρεμον, τοὺς δὲ δακτύλους συνεχῶς ἐκίνει, τοῦτο γὰρ ποιῶν παύεσθαι οὐχ οἷός τ᾽ ἦν.

–τοῦτο τὸ οἰκτρὸν δυστύχημα πύθεσθαι πειρώμεθα, ὦ Βαννίστηρ, ἔφη ὁ διδάσκαλος.

–τοῦτο συννοῶ.

–ἐλέχθη μοι, ἔφη ὁ Ὄλμης, ὅτι τὴν κλεῖδα ἐν τῷ κλείθρῳ ἐξ ἀγνοίας κατέλιπες.

–οὕτως ἐγένετο.

–ἆρα οὐκ ἀήθες ἐστὶν ὅτι τοῦτο σοὶ γίγνεται τῇ ἡμέρᾳ ὅτε ἡ δοκιμὴ ἐνθάδε ἔκειτο;

–μέγιστον δυστύχημα ἦν, ἀλλὰ οὐ τὴν πρώτην μοι γίγνεται.

–πηνίκα τῆς ἡμέρας εἰς τὸ οἴκημα εἰσῆλθες;

–περὶ τὴν μέσην ἑσπέραν, ὅτε ὁ Σωάμης κατὰ τὸ ἔθος τὴν ἀμβροσίαν πίνει.

–πόσον χρόνον ἐνῆσθα;

–αἰσθόμενος αὐτὸν οὐ παρόντα, εὐθὺς ἐξῆλθον.

–τοὺς χάρτας τοὺς ἐπὶ τῆς τραπέζης ἐξήτασας;

–οὐδαμῶς, τοῦτο καρτηρῶς δὴ διαβεβαιοῦμαι.

–διὰ τί τοῦτο ἐγένετο, ὅτι τὴν κλεῖδα ἐν τῇ θύρᾳ κατέλιπες;

–σανίδιον τοῖς χερσὶ ἔχων, τὴν γὰρ ἀμβροσίαν ἔφερον, ἐν νῷ εἶχον ὀλίγῳ ὕστερον ἐπανελθεῖν ἐπὶ αὐτήν, ἐπελαθόμην δέ.

–λαβὴν ἔχει ἡ ἔξωθεν θύρα;

–οὐκ ἔχει.

–ἀνεῳγμένη οὖν ἦν πάντα τὸν χρόνον;

–ὡς σὺ λέγεις.

–ἆρα μάλα ἐταράχθης ὅτε ὁ Σωάμης ἐπανελθών σε ἐπεκάλεσεν;

–μάλιστά γε, τοσούτων γὰρ ἔτων διελθόντων, πολλῶν δὴ ὄντων, οὔποτε τοιοῦτο ἐνθάδε ἐγένετο, ὀλίγου δὲ ἐλιποψύχησα.

–τοῦτο ἤδη ἔγνων. ποῦ εἶ ὅτε τὸ πρῶτον ἠσθένεις;

–ὅπου ἦν; ἐνθάδε, ἐγγὺς τῆς θύρας.

–τοῦτο θαυμάσιόν ἐστιν, διότι ἐκεῖ ἐκαθίσω, ἐπὶ ἐκείνου τοῦ θρόνου ἐν τῇ ἐσχάτῃ γωνίᾳ ὄντος. διὰ τί οὐκ ἐκαθίσω ἐπί τινος τούτων τῶν δίφρων πλησιαιτέρων ὄντων;

–οὐκ οἶδα, οὐδέ μοι ἔμελε ὅπου ἐκαθισάμην.

–οἴομαι αὐτὸν τότε πρὸς οὐδὲν τὸν νοῦν προσέχειν, ὦ Ὄλμες, ἔφη ὁ Σωάμης, κάκιστα γὰρ ἐδέρκετο, ὥσπερ νεκρὸς ὤν.

–ἔμεινας ἐνθάδε τοῦ διδασκάλου ἀπελθόντος;

–ὅσον ἀκαρῆ χρόνον ἢ τοσοῦτο· ἔπειτα δὲ τὴν θύραν κλείσας πρὸς τὸ ἐμὸν οἴκημα ἀπῆλθον.

–τίνα ὑποπτεύεις;

–οἴμοι, τίνα λέγοιμι ἄν; οὐχ ἡγοῦμαι παρεῖναι ἐν τούτῳ τῷ πανεπιστημίῳ τοιοῦτον οἷος οὕτως πράττων λῆμμά τι ἀπολαύειν πειρῴη ἄν. ἥκιστα ἡγοῦμαι.

–χάριν σοι οἶδα. ἱκανὸν ἤκουσα, ἔφη ὁ Ὄλμης. παπαῖ, ἔτι τόδε ἐρωτᾶν βούλομαι· ἆρα μὴ εἶπές τινι τῶν τριῶν ἀνδρῶν ὧν σὺ ὑπηρέτης εἶ ὅτι αἰσχρόν τι ἐγένετο;

–οὐδαμῶς, οὐδὲ ἐλάχιστον.

–ἆρα μή τινα αὐτῶν ἄρτι ἑόρακας;

–ἥκιστα.

–εὖγε· νῦν δέ, ὦ Σώαμες, εἴ σοι δοκεῖ, διὰ τῆς αὐλῆς περιπατήσομεν.

τρία τετράγωνα λαμπρὸν φῶς ἐξίει ὑπὲρ ἡμῶν, τῆς σκοτεινότητος ἤδη αὐξανομένης.

–οἱ τρεῖς ὄρνιθες ἐν ταῖς νεοττιαῖς εἰσίν, ἔφη ὁ Ὄλμης ἄνω προσβλέπων. ἰδού, τί ἐστι τοῦτο; εἷς δοκεῖ τεταραγμένος εἶναι.

οὗτος ὁ ἰνδὸς ἦν, οὗ τὴν μέλαιναν σκιὰν ἐξῆν διὰ τῆς θυρίδος ἰδεῖν ταχέως ἄνω καὶ κάτω περιπατοῦσαν.

–ἡδέως ἴδοιμι ἂν τὰ οἰκήματα αὐτῶν, ἔφη ὁ Ὄλμης. ἆρα δυνατὸν εἴη ἂν τοῦτο ποιεῖν;

–δήπουθεν εἴη ἄν, ἀπεκρίνατο ὁ Σωάμης, ταῦτα γὰρ τὰ οἰκήματα ἀρχαιότατά ἐστι παντὸς τοῦ διδασκαλείου, πολλάκις δὲ φοιτῶσιν οἱ ξένοι ὡς ἐξετάσοντες. συνέλθετε ἐμοὶ καὶ ἐγὼ αὐτὸς ἡγεμὼν γενήσομαι.

–οὐδὲν ὄνομα λέγε, τοῦτο αἰτῶ, ἔφη ὁ Ὄλμης ἡμῶν τὴν τοῦ Γίλχριστος θύραν ἤδη κοπτόντων.

τὴν θύραν ἀνέῳξε νεανίας εὐμήκης τε καὶ εὔζωνος καὶ πυρρόθριξ, αἰσθόμενος δὲ τίνος ἕνεκα ἥκομεν ἡμᾶς προσφιλῶς ἠσπάσατο. ἐν δὲ τῷ οἰκήματι ἐξῆν ἰδεῖν θαυμασίους χαρακτῆρας τῆς ἀρχαίας ἐγχωρίου οἰκοδομικῆς τέχνης οἳ τὸν Ὄλμη οὕτως ἐξέπληξαν ὥστε ἔδοξεν αὐτῷ γράφειν ἐν βιβλίῳ ὃ ἔτυχεν ἔχων. τοῦτο δὲ ποιῶν τὴν γραφίδα ἔρρηξεν, ἐδέησεν οὖν αὐτὸν ἄλλην τινὰ αἰτεῖν παρὰ τοῦ ξενίζοντος· τέλος δὲ τομέα ᾔτησεν ἵνα τὴν γραφίδα θήγοι.

τὸ δὲ αὐτὸ ἀλλόκοτον σύμβημα ἐγένετο ἐν τῷ οἰκήματι τῷ τοῦ ἰνδοῦ, ἀνθρώπου οὐ μεγάλου τὸ σῶμα καὶ σιωπηλοῦ τε καὶ γρυποῦ, πρὸς ἡμᾶς παραβλέποντος, ὃς μάλιστα ᾔσθη τοῦ Ὄλμους τὴν ἀρχιτεκτονικὴν μάθησιν τελευτήσαντος. ἐν οὐδετέρῳ οἰκήματι ἔδοξέ μοι ὁ Ὄλμης εὑρεῖν τὸ τεκμήριον ὃ ἐζήτει.

περὶ δὲ τῆς τρίτης ἐφοδείας, αὕτη οὐ δυνατὴ ἐγένετο. τὴν μὲν ἔξωθεν θύραν οὐδεὶς ἀνέῳξεν, καίπερ ἡμῶν κοψάντων, μόνον δὲ ἐκ τῶν ἔνδον ῥύαξ ὑβριστικῶν λόγων πρὸς ἡμᾶς ἀφίκετο.

–οὐδενὸς ποιοῦμαι τίς εἶ, βάλλ᾽ εἰς κόρακας, εἶπέ τις μάλιστα ὀργίλος βοῶν· ἡ δοκιμασία αὔριον γενήσεται καὶ οὐ σχολή μοί ἐστιν.

–ὡς ἐσκοράκισεν ἡμᾶς, ἔφη ὁ ἡμέτερος ἡγεμὼν τῷ ὑβρίσματι ἐρυθριῶν, πάντων κατὰ τὴν κλίμακα καταβαινόντων· εἰκότως οὐκ ᾔσθετο ἐμὲ ὄντα τὸν κόψαντα. ὅμως δὲ ὑβριστικῶς προσφέρεται καί, ἐν τοῖς τοιούτοις, τοῦτο ὑποπτευότερόν ἐστιν.

ἡ τοῦ Ὄλμους ἀντιτυπία θαυμαστὴ ἦν, ἤρετο γὰρ τόδε·

–ἴσως μοι ἀκριβῶς λέγοις ἂν πῶς εὐμήκης οὗτος ὁ νεανίας ἐστιν;

–ὡς ἔπος εἰπεῖν, ὦ Ὄλμες, οὐκ οἶδα τί λέγειν ἔχω. ὑψηλότερος μὲν τοῦ ἰνδοῦ ἐστίν, οὐ μέντοι τοσοῦτος ὅσος ὁ Γίλχρις. λέγοιμι ἂν περὶ πέντε πήχεις.

–πολὺ τοῦτό μοι διαφέρει, ἔφη ὁ Ὄλμης. νῦν δέ, ὦ Σώαμες, ἐλπίζω σε εὖ καθευδήσειν.

ὁ ἡμῖν ἡγησάμενος μεγάλῃ φωνῇ ἐβόησε θαυμάζων.

–μὰ τὸν Δία, ὦ Ὄλμες, ἆρα οὐ μέλλεις νῦν ἐμὲ οὕτως ἐξαίφνης καταλείψειν; δοκεῖς μοι τοῦ δυστυχήματος μὴ αἰσθάνεσθαι, ἡ γὰρ δοκιμασία αὔριον γενήσεσθαι μέλλει, δεῖ δέ με τῇδε τῇ νυκτὶ βούλευμά τι διαγνῶναι, ἡ γὰρ δοκιμασία οὐ ποιητέα ἐστίν, τῆς δοκιμῆς ὑπανοιχθούσης. χρὴ οὖν τῷ προβλήματι ἀντιᾶν.

–δεῖ σε νῦν μὲν πάντα λείπειν, αὔριον δὲ ἅμα ἡλίῳ δεῦρο ἐλεύσομαι καὶ περὶ τοῦτο διαλεξόμεθα· ἴσως οἷός τ᾽ ἔσομαι τότε σοι ἐπαινεῖν τί δεῖ ποιεῖν, τέως δὲ οὐδὲν μεταβάλλε, οὐδὲν οὐδαμῶς.

–οὕτως ποιήσω, ὦ Ὄλμες.

–καὶ δὴ καὶ ἡσύχαζε καὶ μὴ ὀκνηρὸς περὶ τούτου ἴσθι, πότερον τὸ τούτου τοῦ δυστυχήματος τέλος εὑρήσομεν ἢ οὔ. τὴν μέλαιναν βῶμον καὶ τὰ τῆς γραφίδος θραύσματα φέρομαι. χαῖρε.

εἰς τὴν σκοτεινὴν αὐλὴν ἐξελθόντες πρὸς τὰς θυρίδας αὖθις ἀπεβλέψαμεν. ὁ μὲν ἰνδὸς ἔτι διὰ τοῦ οἰκήματος διέβαινεν, οἱ δὲ δύο ἄλλοι ἀφανεῖς ἦσαν.

–εἶεν, ὦ Οὔαζον, τί σοι δοκεῖ; ἤρετο ὁ Ὄλμης ἡμῶν εἰς τὴν ἀγυιὰν ἐξελθόντων. τοῦτο ὅμοιον παιγνίᾳ ἐστίν, ὡς τὸ τῶν τριῶν λίθων σόφισμα, ἆρα οὐ δοκεῖ σοι οὕτως εἶναι; ἐκεῖ

τρεῖς μὲν ὕποπτοι πάρεισιν, εἷς δὲ αἴτιός ἐστιν. ἄγε, αἱροῦ·
τίνα αἱρεῖ;

–τὸν ὑβριστικὸν ἐν τῇ ἀνωτάτῃ στέγῃ ἐνοικοῦντα, ἃ γὰρ
περὶ αὐτοῦ ὁ Σωάμης εἶπε χείριστά ἐστι τῶν τριῶν μαθητῶν.
οὐδὲν ἧττον δὲ ὁ ἰνδὸς δοκεῖ καὶ μαστιγίας εἶναι. διὰ τί
περὶ τοῦ οἰκήματος συνεχῶς περιπατεῖ;

–τοῦτο οὐδενὸς ποιοῦμαι, πολλοὶ γὰρ ὡσαύτως πράττουσιν
ἅμα πειρώμενοί τι εἰς μνήμην τιθέναι.

–ἀήθως πρὸς ἡμᾶς πάντα τὸν χρόνον ἔβλεπεν.

–τὸ αὐτὸ ποιοίης ἂν σὺ εἰ ἐξαίφνης, σοῦ δοκιμασίαν τῇ
ὑστεραίᾳ γενησομένην παρασκευάζοντος καὶ σχολὴν οὐκ
ἔχοντος, ἀφίκοιτο ἂν ἀήθες πλῆθος. οὐδαμῶς, τοῦτο οὐδὲν
δείκνυσιν. καὶ δὴ καί, αἱ γραφίδες καὶ αἱ τομεῖς, οὐδὲν
ἐκπρεπὲς ἦν. ὅμως δὲ ὁ ἄνθρωπος ἐκεῖνος εἰς ἀπορίαν με
καθίστησιν.

–τίς δῆτα;

–ὁ Βαννίστηρ, ὁ ὑπηρέτης. τί αὐτῷ ἐν τούτῳ τῷ πράγματι;

–ἔδοξέ μοι παντελῶς χρηστὸς εἶναι.

–καί μοι ἔδοξεν, τοῦτο δὲ ὅπερ εἰς ἀπορίαν με καθίστησιν.
διὰ τί μέλλοι ἂν χρηστότατος ἀνὴρ τοιοῦτο ποιεῖν; ἄγε,
ἐνθάδε παρ᾽ ἡμῖν ὁρῶ πωλητήριον μέγα, ἀρχώμεθα γὰρ
ἐνθάδε τῶν ἐξετάσεων.

ἐν μὲν τῇ πόλει ἦσαν μόνον τέτταρα ὡς ἀξιόλογα
πωλητήρια χαρτῶν τε καὶ γραφίδων, ἐν δὲ ἑκάστῳ ὁ Ὄλμης

τοὺς ξυλινοὺς φορυτοὺς ἐξέδειξε καὶ πολλὰ χρήματα παρέσχεν ἐὰν ἴσην γραφίδα ἀποδῶνται, ἀλλὰ ἐν πᾶσι ἀπεκρίναντο αὐτῷ ὅτι ἔξεστι μὲν προστάττειν, τὸ δὲ μῆκος ἀήθες εἴη καὶ ὡς ἐπὶ τὸ πολὺ αὐτοῖς οὐκ εἴη. ὁ δὲ ἐμὸς φίλος, καίπερ τοῦ σκοποῦ ἁμαρτῶν, ὅμως οὐκ ἠθύμησεν ἀλλὰ τοὺς ὤμους ἐκίνησεν ὅσον οὐκ ἐγγελῶν.

–οὐκ ἔξεστιν οὐδὲν ἄλλο ποιεῖν, ὦ τάν. τοῦτο τὸ τεκμήριον, βέλτιστόν τε καὶ κύριον ὄν, οὐδὲν προσήνεγκεν. ἀλλά, ὡς ἔπος εἰπεῖν, πέπεισμαι ὡς ἔξεσται ἡμῖν, καὶ εἰ τούτῳ μὴ χρώμεθα, ἐξήγησιν ἔκπλεων κατεργάζεσθαι. μὰ τὸν Δία, ὦ τάν, ὀψέ ἐστιν, ἡ δὲ πανδοκεύτρια εἶπέ τι περὶ τὸ ἑσπερινὸν δεῖπνον. ἡγοῦμαι, ὦ Οὔαζον, τὴν μὲν πανδοκεύτριαν κελεύσειν σε ἐκ τοῦ πανδοκείου ἀπελθεῖν ἐὰν τῷ καπνίζειν λιπαρῇς καὶ τῷ ἀκόσμως δειπνεῖν, ἐγὼ δὲ ἀκολουθήσω σοι δυστυχοῦντι, οὐ μέντοι πρὶν τὸ πρόβλημα διαλύω περὶ τοῦ τε ταραχώδους διδασκάλου καὶ τοῦ ἀμελοῦς ὑπηρέτου καὶ τῶν τριῶν ἀδεῶν μαθητῶν.

ὁ Ὅλμης οὐδὲν ἄλλο εἶπε περὶ τούτου ἐκείνη τῇ ἡμέρᾳ, ἀλλὰ ἐκάθετο μακρὸν χρόνον ἐννοῶν μετὰ τὸ ὄψιον δεῖπνον. τῇ δὲ ἐπιγιγνομένῃ ἡμέρᾳ πρῲ εἰς τὸ ἐμὸν οἴκημα, ἔτι μου λουομένου, εἰσῆλθε καὶ εἶπεν·

–εἶεν, ὦ Οὔαζον, ἰτέον ἐστὶ πρὸς τὸν Ἅγιον Λοῦκαν. ἆρα τὸ ἄριστον ἀφείης ἄν;

–δήπου ἀφείην ἄν.

–ὁ Σωάμης οὐχ ἡσυχάσει πρὶν ἀκριβές τι εἴπωμεν αὐτῷ.

–ἔχεις σὺ ἀκριβές τι εἰπεῖν αὐτῷ;

–δήπου ἔχω.

–ἐκ δὲ τούτου συμπέρασμά τι ἐλογίσω;

–μάλιστα, ὦ φίλε Οὔαζον· τὸ πρόβλημα διέλυσα.

–ἀλλὰ τίνα νέα τεκμήρια εὑρεῖν ἐδυνήθης;

–ἅ, οὐ μάτην ἐξεγρήγορα ἅμα ἕῳ, οὕτως ἄκαιρος ἦν ὁ πόνος. ἐδέησέ με δύο ὥρας ἰσχυρῶς πονεῖν καὶ οὐχ ἧττον ἢ ὀκτὼ χιλιόμετρα βαίνειν, τέλος δέ τι συνελογισάμην. ἰδού. τὴν χεῖρα ἐκτείνας ἔδειξέ μοι τρεῖς μικρὰς πυραμίδας μελαγγαίους οὔσας.

–παπαῖ, ὦ Ὄλμες, χθὲς μόνον δύο εἶχες.

–τήμερον δὲ τρίτην ἐκτησάμην. οὐκ εἴη ἂν ἄλογον τὸ νομίζειν τὴν τρίτην ἐκ τοῦ αὐτοῦ τόπου ἢ τὰς δύο ἄλλας γίγνεσθαι. ἆρα οὐχ οὕτως καὶ σὺ νομίζεις, ὦ Οὔαζον; εἶεν, ἀπίωμεν καὶ τὸν Σωάμη ἐκ τῆς ὀδύνης ἐλευθερῶμεν.

ὡς ἀληθῶς, ἡμῶν εἰς τὸ οἴκημα αὐτοῦ εἰσβάντων, ὁ δυστυχὴς διδάσκαλος μάλιστα ἠπόρει, ἔδει γὰρ οὐ διὰ πολλοῦ τῆς δοκιμασίας ἄρχεσθαι, ἔτι δὲ ἐδίσταζε πότερον χρὴ τὸ δυστύχημα ἀγγέλλειν ἢ ἐᾶν τὸν ἀδικήσαντα τὸ πολυτελὲς ἆθλον κτᾶσθαι. οὕτως ἐταράττετο ἡ ψυχὴ αὐτοῦ ὥστε οὐχ οἷός τ' ἦν μένειν, πρὸς δὲ τὸν Ὄλμη προσέδραμε τὰς χεῖρας ἐκτείνας ὡς τὴν ἀγωνίαν δεικνύς.

–χάριν ἔχω τῷ Διὶ ὅτι προσῆλθες, ἐφοβούμην γὰρ μὴ τοῦ δυστυχήματος ἀπέστης. τί δεῖ με ποιεῖν; ποιητέον ἐστὶ τὴν δοκιμασίαν;

–μάλιστά γε, τῷ ὄντι ποιητέον ἐστίν.

–ἀλλὰ τί περὶ τούτου τοῦ μαστιγίου;

–τὴν δοκιμασίαν οὐ πειράσει.

–ἆρα οἶσθα ὅστις ἐστίν;

–δήπου οἶδα. ἅτε τοῦ δυστυχήματος δημοσίᾳ οὐκ ἀγγελθησομένου, ἀνάγκη ἐστὶν ἐξουσίαν ἡμῖν αὐτοῖς διδόναι καὶ καθ᾽ ἡμᾶς συμβουλεύεσθαι ὥσπερ ἐν στρατιωτικῷ δικαστηρίῳ ὄντας. ἐκεῖ στῆθι, ὦ Σώαμες, σὺ δὲ ἐνθάδε, ὦ Οὔαζον, ἐγὼ δὲ ἐν μέσῳ καθίσομαι, ἐπὶ τούτου τοῦ θρόνου. εὖ γε, οἴομαι ἡμᾶς ἤδη οὕτως ἱκανῶς ἐκπλήττειν ὥστε τινὰ ἅτε ἀδικήσαντα ὀρρωδεῖν. τὴν κώδωνα ψάλλοις ἄν.

ὁ Βαννίστηρ ἀφίκετο ἡμῶν καλούντων, ἡμᾶς δὲ οὕτως ὡς δικαστὰς καθιζομένους ἰδὼν ὀλίγον ἀπεχώρησε θαυμάζων τε καὶ φοβηθείς.

–τὴν θύραν κλείοις ἄν, ἔφη ὁ Ὅλμης· νῦν δέ, ὦ Βαννίστηρ, διὰ τί οὐ τἀληθῆ λέγεις ἡμῖν περὶ τοῦ χθεσινοῦ δυστυχήματος;

ὁ ἀνὴρ ὤχρησεν οὐ μόνον τὸ πρόσωπον ἀλλὰ καὶ τὴν τοῦ τριχὸς ρίζαν.

–πάντα διηγησάμην.

–οὐκ ἔχεις τι προσθεῖναι;

–οὐδὲν ἔχω.

–οὕτως δεήσει μέ σοι ὑποβολάς τινας ποιεῖν. ὅτε ἐπὶ τούτου τοῦ θρόνου ἐκάθισω, οὕτως ἔπραξας ἵνα χρῆμά τι καλύπτοις ὃ ἐκδεικνύναι ἔχοι ἂν τίς ἐν τῷ οἰκήματι ἦν; τὸ τοῦ Βαννίστηρος πρόσωπον ἴσον ἦν τῷ νεκροῦ τινός.

–οὐδαμῶς, ἥκιστά γε.

–μόνον ὑπερβολὴ ἦν, ἔφη ὁ Ὄλμης ἡδείᾳ φωνῇ χρώμενος. ἀληθῶς δὴ ὁμολογῶ αὐτὸς τοῦτο ἀποδεικνύναι οὐκ ἔχειν, ἀλλὰ εἰκὸς εἴη ἂν τοῖς τόδε λογιζόμενος, ὅτι σὺ τὸν ἄνθρωπον ἐν τούτῳ τῷ θαλάμῳ κρυπτὸν ἐξιέναι ἔασας ἐπεὶ τάχιστα ὁ Σωάμης ἐτράπετο.

ὁ Βαννίστηρ τὴν γλῶτταν ἐπὶ τὰ ξηρὰ χείλη ἐκίνησεν.

–οὐδεὶς ἄνθρωπος παρῆν.

–αἰσχρόν ἐστιν, ὦ Βαννίστηρ, εἰς γὰρ τὸ νῦν ἴσως τἀληθῆ εἶπες, νῦν δὲ δῆλος εἶ ψευσάμενος.

τὸ τοῦ Βαννίστηρος πρόσωπον πικρὰν πρόκλησιν ἔδεικνυ.

–οὐδεὶς ἄνθρωπος παρῆν.

–εἶεν, ὦ Βαννίστηρ, τίς οὖν;

–οὐδείς πως παρῆν.

–τούτων οὕτως ἐχόντων, οὐκ ἔξεστί σοι πλεῖον ἡμῖν λέγειν. αἰτῶ σε ἐν τῷ οἰκήματι παραμένειν. ἐκεῖ στῆθι, παρὰ τῇ θύρᾳ τῇ τοῦ θαλάμου. νῦν δέ, ὦ Σωάμης, διὰ τί οὐκ ἀναβαίνεις εἰς τὸ τοῦ Γίλχριστος οἴκημα καὶ ἠπίως κελεύεις αὐτὸν εἰς τὸ σὸν καταβῆναι;

ἐν ὀλίγῳ δὲ ὁ διδάσκαλος ἐπανῆλθε τὸν μαθητὴν ἔχων. ὁ δὲ εὔμορφος ἦν τὸ εἶδος, εὐμήκης μέν, εὔζωνος δέ, ἐλαφρῶς μὲν βαίνων, πρόσωπον δὲ ἔχων καλόν τε καὶ ἀληθινόν. σύννοις δὲ ὀφθαλμοῖς, θαλατίοις οὖσιν, πρὸς ἡμᾶς ἐφεξῆς προσέβλεψεν, τέλος δὲ τὸν Βαννίστηρα, ἐν τῷ ἐσχάτῳ ἑστῶτα, φοβερῶς εἶδεν.

–τὴν θύραν κλεῖσον, ἔφη ὁ Ὄλμης, νῦν δέ, ὦ Γίλχρις, μόνοι πάρεσμεν, ἀναγκαῖόν δέ οὔκ ἐστιν ἄλλον τινὰ τὰ παρ' ἡμῖν λεγομένα εἰδέναι, ἔξεστιν οὖν ἐλευθερῶς παρρησιάζειν. εἰδέναι δὴ βουλόμεθα, ὦ Γίλχρις, ὅπως σύ, οὕτως τίμιος ὤν, εἰς τοσοῦτο ἀνοίας ἀφίκου ὥστε δρᾶν οἷον χθὲς ἔδρασας.

ὁ δυστυχὴς νεανίας ἀνεχώρησε πταίων καὶ πρὸς τὸν Βαννίστηρα πικρῶς προσέβλεψεν, εἰς φόβον καταστάς.

–ἥκιστά γε τοῦτο νόμισον, οὐδὲν εἶπον ἐγώ, οὐδὲν οὐδαμῶς, ἐβόησεν ὁ ὑπηρέτης.

–οὐχ ὡμολόγηκεις, νῦν δὲ ὡμολόγηκας, ἔφη ὁ Ὄλμης. εἶεν, ὦ τάν, δῆλόν ἐστί σοι ὅτι, τοῦ Βαννίστηρος τοῦτο εἰπόντος, οὐ δύνασαι οὐδὲν ἀπαρνεῖσθαι, τόδε δὲ μόνον ποιεῖν ἔχεις, πάντα ἀληθῶς ὁμολογεῖν.

πρῶτον μὲν ὁ Γίλχρις, τὴν χεῖρα ἀνέχων, τὸν φόβον τὸν ἐν τῷ προσώπῳ ὁρατὸν ἐπικαλύπτειν ἔπειρα, ἔπειτα δὲ

Juan Coderch

μετὰ μικρὸν πρὸ τῆς τραπέζης προσκυνήσας ἐν ἀγωνίᾳ μέγα ἐδάκρυεν, τὸ πρόσωπον ταῖς χερσὶ ἀποκρύπτων.

–ἄγε, ἔφη ὁ Ὅλμης ἠπίως· ἀνθρωπινόν ἐστι τὸ ἁμαρτεῖν, οὐδείς γε μὴν αἰτιᾶσθαι ἔχει σε ἰσχυρὸν φονέα εἶναι. ἧττον σφοδρὸν ἴσως ἔσται σοι ἐὰν ἐγὼ μὲν τὰ γεγενημένα τῷ Σωάμει διέρχωμαι, σὺ δὲ ἐπανορθοῦν ἔχῃς εἴ τι ἁμαρτάνω. οὕτως προαιρεῖ; συνίημι, οὐ δεῖ σε ἀποκρίνεσθαι. ἄκουε δὴ καὶ γνώσεις ἐμὲ ἄδικόν σοι οὐκ ὄντα.

–ἐξ οὗ, ὦ Σώαμες, εἶπές μοι ὅτι οὐδεὶς ᾔδει τοὺς χάρτας ἐν τῷ οἰκήματι ὄντας, οὔτε ὁ Βαννίστηρ οὔτε ἄλλος οὐδείς, τὸ πρόβλημα ἐν τῇ ἐμῇ φρενὶ φανερὸν ἐγίγνετο. δήπουθεν ὁ ἐκδοὺς αὐτὸς ἀπογνωστέος ἦν, οὗτος γὰρ ἐδύνατο τὴν δοκιμὴν ἐν τῷ ἑαυτοῦ οἰκήματι ἐξετάζειν. οὐδὲ ὁ ἰνδός μοι ὕποπτος εἶναι ἔδοξεν, εἰ γὰρ οἱ χάρται κεκυλινδευτοὶ ἦσαν οὐκ εἰκὸς ἦν αὐτὸν εἰδέναι τί ὁ κύλινδρός εἴη. καὶ δὴ καὶ ἆρα ἐτόλμησεν ἄν τις εἰς τὸ οἴκημα εἰσελθεῖν ἐκείνῃ τῇ ἡμέρᾳ οὐκ ἐκ προβουλῆς, ὅτε οἱ χάρται ἐπὶ τῆς τραπέζης ἔκειντο; ἔγωγε οὐχ οὕτως οἴομαι, τοῦτο οὖν ἀπογνωστέον ἐστίν. ὁ εἰσελθὼν ᾔδει τὴν δοκιμὴν ἐνθάδε κειμένην, ἀλλὰ πῶς τοῦτο ᾔδει;

–ἐπεὶ τὸ πρῶτον πρὸς τὸ οἴκημα προσήλθομεν, τὴν θυρίδα τὸ ἔξωθεν ἐξήτασα, τόδε δὲ γελοῖον ἦν ὅτι σὺ ἐνόμισές με ὑποπτεύειν τινὰ ἐκεῖθι εἰσελθεῖν, ἀγορᾶς πληθούσης καὶ πάντων τῶν πέραν τῆς αὐλῆς οἰκούντων ἰδεῖν ἐχόντων. τὸ οὖν τοῦτο νομίζειν ἄλογον ἦν. ἀλλὰ τί ἐποίησα ἐγώ;

85

ἐλογισάμην ὅπως εὐμήκη δεῖ τινα εἶναι ἵνα τοὺς χάρτας ἐπὶ τῆς τραπέζης κειμένους ἔξωθεν ἰδεῖν ἔχοι. ἐδέησε μέν με, καίπερ ὑψηλὸν ὄντα, αἴρεσθαι ὅπως αὐτοὺς ἴδοιμι, ἀδύνατον οὖν ἦν ἀνθρώπῳ βραχυτέρῳ ἐμοῦ ὄντι ἰδεῖν. ὡς τὸ εἰκός, ἐκ τούτου ἔμαθον ὅτι, εἴ τις τῶν τριῶν μαθητῶν ὑψηλότερος εἴη ἢ κατὰ τὸ εἰωθός, πρὸς τοῦτον δεῖ τὸν νοῦν προσέχειν, δῆλόν ἐστιν. δεῦρο δὲ εἰσελθών σοι ἀνεκοίνωσα πάντα ἃ τὸ ἐγγὺς τῆς θυρίδος τραπέζιον ἐδείκνυ. ἡ δὲ μέση τράπεζα οὐδὲν τεκμήριον ἐδείκνυ, ἕως σύ, τὸν Γίλχριστα διηγούμενος, εἶπες ὅτι τὸ πήδημα ἀσκοίη. τότε πᾶν σαφὲς ἐξαίφνης ἐγένετο καὶ ἐδέησα μόνον τεκμηρίου τινὸς τοῦτο δεικνύντος, μετὰ μικρὸν δὲ ἔκτησα.

–τάδε τὰ γενόμενα· οὗτος ὁ νεανίας τὴν ἑσπέραν ἐν τῷ σταδίῳ διέτριβε τὸ πήδημα ἀσκῶν, ἐπανῆλθε δὲ τὰ ὑποδήματα τὰ πρὸς τὸ πηδῆσαι ἔχων, ἃ ἀκάνθους τινὰς ἐν τῷ πέλματι ἔχει, ὡς σὺ οἶσθα. πρὸ τῆς θυρίδος προερχόμενος εἶδεν, ἅτε εὐμήκης ὤν, τὸν τῶν χαρτῶν κύλινδρον ἐπὶ τῆς τραπέζης κείμενον, καὶ τί τοῦτο εἴη ᾔσθετο, οὐδὲν δὲ κακὸν ἐγένετο ἂν εἰ μή, πρὸ τῆς θύρας βαίνων, τὴν κλεῖδα εἶδεν ἣν ὁ ἀμελὴς ταμίας ἐκεῖ κατέλιπεν ὀλιγωρίας ἕνεκα. τότε δὲ αὐτὸν ἐπιθυμία κατέλαβε τοῦ τε εἰσβαίνειν καὶ τοῦ ἐξετάζειν πότερον ἀληθῶς τοῦτο οἱ χάρται οἱ τῆς δοκιμασίας εἶεν ἢ οὔκ. οὐδαμῶς δὲ ἐκινδύνευεν, ἐξὸν αὐτῷ λέγειν ὅτι μόνον εἰσβαίη ὡς ἐρωτήσων τί σε.

-αἰσθόμενος τοῦτο ἀληθῶς τὴν δοκιμὴν ὄν, τότε τὸ δέλεαρ αὐτὸν ἔλαβεν, καὶ τὰ ὑποδήματα ἐπὶ τὴν τράπεζαν ἔθηκεν. τί ἔθηκας ἐπὶ τοῦτον τὸν θρόνον ἐγγὺς τῆς θυρίδος ὄντα; -τὰς χειρίδας, ἀπεκρίνατο ὁ νεανίας. ὁ Ὄλμης γεγηθὼς πρὸς τὸν Βαννίστηρα προσέβλεψεν. -τὰς χειρίδας ἐπὶ τοῦ θρόνου λιπὼν τοὺς χάρτας καθ᾽ ἕνα ἔλαβεν ὡς ἀπογράψων. ἐδόξαζε τὸν μὲν διδάσκαλον διὰ τῆς μεγάλης θύρας ἐπανελεύσεσθαι, αὐτὸς δὲ ἐπανιόντα ὄψεσθαι. ὅμως δέ, ὡς πάντες ἴσμεν, διὰ τῆς ἄλλης θύρας ἐπανῆλθεν, ἤκουσε δέ σε ἤδη παρὰ τῇ θύρᾳ ὄντα. οὔκουν ἐξὸν ἀποφυγεῖν, τὰς μὲν χειρίδας ἐπιλαθόμενος κατέλιπεν, τὰ δὲ ὑποδήματα λαβὼν εἰς τὸν θάλαμον ἐν ἀκαρεῖ εἰσέδραμεν. ῥᾴδιόν ἐστιν ἰδεῖν τὸ τμῆμα λεπτότατον μὲν ὂν τὸ πρῶτον, βαθύτερον δὲ γιγνόμενον τῷ πρὸς τὴν τοῦ θαλάμου θύραν ἰόντι. τοῦτο δείκνυσιν ἱκανῶς ὅτι ὁ παρείσακτος τὰ ὑποδήματα ἐκεῖσε ἥλκησε καὶ τὸν αἴτιον ἐκεῖ κρύψαντα. ἐπὶ δὲ τῆς τραπέζης βῶλος ἔκειτο τρῆμα ἔχουσα ὡς περὶ ἤλου κυκλώσασα, ἄλλη δὲ βῶλος ἀποχωρισθεῖσα πρὸς τὸ ἔδαφος κατέπεσεν ἐν τῷ θαλάμῳ.

-καὶ δὴ καὶ τήμερον ἅμα ἔῳ πρὸς τὸ στάδιον τὸ τῶν ἀθλητῶν ἐλθὼν εἶδον τὸ τῷ πηδήματι ὄρυγμα μέλαν γλισχρότατον κέραμον ἐνέχον, μικρὸν δὲ δεῖγμα ἔλαβον καὶ ξυλινὰ μόρια ἃ ἐπιτιθέασι ἵνα οἱ ἀθληταὶ μὴ ὀλισθάνωσιν. ἆρα οὐ τἀληθῆ λέγω, ὦ Γίλχρις;

–μάλιστά γε, ἀληθές ἐστιν, ἔφη ὁ μαθητὴς ἀναστάς.

–μὰ τὸν Δία, ἔφη ὁ Σωάμης μέγα βοῶν, οὐ βούλει τι πλεῖον ἐπιλέγειν;

–ναί, βούλομαι δή, ἀλλὰ οὕτως αἰσχρῶς ἐξηλέχθην ὥστε ἐκπέπληγμαι. ἐπιστολὴν ἔχω, ὦ Σώαμες, ἣν ἔγραψα ἡλίου ἀναστάντος, πᾶσαν τὴν νύκτα ἐγρόμενος. ταύτην ἔγραψα πρὶν εἰδέναι τὴν ἀπάτην ἐκκαλυφθεῖσαν. λαβὼν ἀνάγνωθι· ἐν αὐτῇ γεγραμμένον τόδε ἐστίν·

"ἔδοξέ μοι τὴν δοκιμασίαν οὐ πειρᾶν, παρέχουσι γάρ μοι τοῖς ἐν τῇ Ῥωδεσίᾳ φύλαξι συμπράττειν καὶ δεῖ με εὐθὺς ἀπελθεῖν."

–χαίρομαι εἰδώς σε οὐ πειράσαντα κέρδει χρῆσθαι οὕτως αἰσχρῶς κτησάμενον, ἔφη ὁ Σωάμης, ἀλλὰ τί μετέδοξας;

ὁ Γίλχρις τὸν Βαννίστηρα ἀποδείξας εἶπεν·

–οὗτός ἐστιν ὁ ἀνὴρ ὃς αὖθίς με κατὰ τὸ ὄρθον πράττειν ἔπεισεν.

–εἶεν, ὦ Βαννίστηρ, ἔφη ὁ Ὅλμης· τούτου λεχθέντος, δῆλόν ἐστιν ὅτι σὺ μόνος τοῦτον τὸν νεανίαν ἐξιέναι ἐᾶν εἶχες, σὺ γὰρ ἐν τῷ οἰκήματι ἔμεινας καὶ ἐδέησε τὴν θύραν κλεῖσαι ὅτε ἐξῆλθες. οὐδεὶς νομίσειεν ἂν αὐτὸν διὰ ταύτης τῆς θυρίδος ἐκφυγεῖν οἷόν τ' εἶναι. ἆρα τόδε τὸ ἔσχατον τοῦ μυστερίου οὐ λέγοις ἂν ἡμῖν, τίνος ἕνεκα ἐποίησας ὃ ἐποίησας;

-ἁπλούστατόν ἐστιν, ἀλλὰ οὐκ ἐξῆν σοι εἰδέναι, καίπερ σοφωτάτῳ ὄντι. ἐγενόμην ποτὲ ταμίας τοῦ ἤδη τεθνηκότος Ἰάβησος Γίλχριστος, ὃς πατὴρ τούτου τοῦ νεανίου ἦν. ἐπειδὴ χρήμασι ἀπειρήκει, τῶν γὰρ ὄντων ἐξέστη, ἐγὼ ὑπηρέτης ἐν τῷ πανεπιστημίῳ ἐγενόμην· οὐδὲν ἧττον δὲ τοῦ πρόσθεν δεσπότου οὐδέποτε ἐπελαθόμην, καίπερ εἰς πενίαν καταστάντος, ἀεὶ δὲ τὸν υἱὸν αὐτοῦ ὠφέλουν, διὰ μνήμης ἔχων τὸν πάρος χρόνον.

-χθὲς δέ, φροντίδος παρασχεθείσης, εἰς τὸ οἴκημα τοῦτο εἰσελθὼν εἶδον τὸ πρῶτον τὰς τοῦ Γίλχριστος ὀρφναίας χειρίδας ἐπὶ ἐκείνου τοῦ θρόνου κειμένας. ταύτας δὲ τὰς χειρίδας πολλάκις ἑοράκειν, εὐθὺς δὲ ἠσθόμην τίνος ἕνεκα ἐκεῖ εἴησαν. εἰ ὁ Σωάμης εἶδεν αὐτάς, ὁ Γίλχρις εἰς ὄλεθρον εἰσέπεσεν ἄν. οὐκοῦν ἐπὶ τὸν θρόνον ἐκαθισάμην, οὐδὲ ἐξῆν ἂν οὐδενὶ ἀνθρώπῳ με ἀναστῆσαι πρὶν ὁ Σωάμης πρὸς σὲ ἐξῆλθεν. τότε δὲ ὅ μοι τίμιος νεανίας, ὃν ἐγὼ ἔτι παῖδα ὄντα ἐπὶ τῶν ἐμῶν γονάτων πολλάκις εἶχον, ἐκ τοῦ μυχοῦ ἐξελθὼν πάντα μοι ὡμολόγησεν. ἆρα οὐκ εἰκὸς ἦν ἐμὲ τὸν νεανίαν ὠφελεῖν πειρᾶσθαι καὶ προσειπεῖν αὐτῷ οὕτως ὡς ὁ τεθνηκὼς πατὴρ προσεῖπεν ἄν; ἐδείκνυν γὰρ αὐτῷ ὅτι οὐ θέμις ἐστὶ κέρδος ποιεῖν ἐκ τούτου τοῦ ἀδικήματος. ἆρα μὴ τοῦτό μοι μέμφοιο ἄν;

-οὐδαμῶς, ἔφη ἐκ ψυχῆς ὁ Ὄλμης ἀναστάς. ὦ Σωάμη, νομίζω τὸ μικρὸν πρόβλημα λυθῆναι, οἴκαδε δὲ δεῖ ἡμᾶς ἰέναι καὶ ἐκεῖ ἀριστᾶν. ἀπίωμεν οὖν, ὦ Οὔαζον· περὶ δὲ σοῦ, ὦ γενναῖε, ἐλπίζω ἐν τῇ Ῥωδεσίᾳ σε εὖ πράξειν, νῦν μὲν γὰρ σεαυτὸν ἠτίμησας, δεῖ δὲ σκοπεῖν ὁπόσον τῷ μέλλοντι χρόνῳ ἀριστεύειν ἔχεις.

Ασυνήθιστο ή επινοημένο λεξιλόγιο
Unusual and made-up vocabulary

(gender as expected according to the declension, unless specified otherwise)

ἀμβλύς, -εῖα, -ύ blunt

ἀναβαθμός, -οῦ flight of steps

ἀποχωρίζω to separate

ἀπροσεξία, -ας lack of attention, distraction

βῶλος, -ου ἡ clod

γιγγλυμός, -οῦ hinge joint

γλίσχρος, -α, -ον sticky

γλίχομαι to strive after

γραφίς, -ίδος ἡ pencil

δεῖγμα, -ατος sample

διάστατος, -ον divided

δικτυάλωτος, -ον interweaved

δοκιμασία, -ας examination

δοκιμαστής, -οῦ examiner

δοκιμή, -ῆς proof, test

δρύινος, -η, -ον oaken

ἐκδίδωμι to publish

ἕξις, -εως habit, quality

ἐπιπολή, -ῆς surface
εὐμήκης, -ες tall
ἐφοδεία, -ας expedition
ἧλος, -ου nail
θήγω to sharpen
θραῦσμα, -ατος shaving
κλεῖθρον, -ου lock
κνῆσις, -εως scratch
κρίκετ, -ετος τό cricket
κύλινδρος, -ου cylinder
μελάγγαιος, -ον of black earth
μῦς, μυός ὁ muscle
νεοττιά, -ᾶς nest
ξυρήκης, -ες close-shaven
ὀλισθάνω to slip
ὄρυγμα, -ατος ditch
ὀρφναῖος, -α, -ον dark
πανδοκεύτρια, -ας hostess
πανεπιστήμιον, -ου university
παρείσακτος, -ου intruder
περιδίδομαι to wager
πυρρόθριξ red-haired
πωλητήριον, -ου shop
ῥουγβικὴ ἀγέλη, -ης rugby team

σακκίον, -ου pocket

σκορακίζω to dismiss contemptuously

σμίλη, -ης penknife

στέγη, -ης floor

σύμβημα, -ατος case, affair

τηνάλλως in no particular way

τρῆμα, -ατος hole

τρίστεγον, -ου third floor

ὑπόδημα, -ατος shoe

ὑπόμνημα, -ατος personal notes

ὕφασμα, -ατος a woven robe

χάρτης, -ου paper

χειρίς, -ίδος ἡ glove

ψηλαφάω to feel about

ὠχρός, -ά, -όν pale

www.ingramcontent.com/pod-product-compliance
Lightning Source LLC
Chambersburg PA
CBHW072016170626
46813CB00005B/2160